大都会博物馆
中国简史

A Brief History of China
From Metropolitan Museum of Art

张程◎著

文化发展出版社
Cultural Development Press

图书在版编目（CIP）数据

大都会博物馆中国简史 / 张程著. — 北京 : 文化发展出版社有限公司，2019.4
ISBN 978-7-5142-2572-3

Ⅰ. ①大… Ⅱ. ①张… Ⅲ. ①中国历史－通俗读物
Ⅳ. ① K209

中国版本图书馆 CIP 数据核字（2019）第 043822 号

大都会博物馆中国简史
著　　者：张　程

责任编辑：司　璐
产品经理：杨郭君
监　　制：白　丁
出版发行：文化发展出版社（北京市翠微路 2 号）
网　　址：www.wenhuafazhan.com
经　　销：各地新华书店
印　　刷：天津旭丰源印刷有限公司

开　　本：700mm×980mm　1/16
字　　数：200 千字
印　　张：15.25
版　　次：2019 年 5 月第 1 版　2019 年 5 月第 1 次印刷
I S B N：978-7-5142-2572-3
定　　价：49.80 元

目录 Contents

第三章　天朝上国的气象　/　089

第四章　斜阳下的紫禁城　/　123

第五章　寻找心中的历史　/　159

第一章

中国历史的童年

如果将中国历史比作一个人的一生，那么从远古到秦汉可算是中国的童年期。历史发展与文化传承的基因在先秦已然种下，直到汉朝最终赐予了我们主体民族名字。在东亚山海环抱的这片土地上，不能忽视呼啸在草原之上的“另一半中国”的印记。

▲ 图1 西周青铜柉禁

在青铜时代讲礼

铜器是人类最早学会制作的金属器皿。考虑到古人的制造水平，并不存在“纯”铜器，基本上是铜合金。铜与铅或锡的合金，或三者的熔合，便是青铜。中国是青铜器的大家，留存下来的青铜器数量众多。

我们的先人在原始社会末期就能够生产简单的铜器部件，现代考古发现了远古铜片，夏朝开始留传下来成规模的完整青铜器。与后人看到的满身铜锈、暗淡无光的青铜文物不同，刚刚出炉的青铜器熠熠生辉，闪耀着富贵的金色光芒，深受先民的喜爱。在诱惑的光芒面前，先民在青铜器生产这件事上一发不可收拾，奴隶主贵族们投入了巨大的热情，工艺精进、图案繁复。商代晚期开始，中国的青铜器产业开始成熟，敦厚凝重、装饰繁复、图纹威严。延至周朝，青铜器成为了那个时代最鲜明、最突出的器皿。中国的夏商周三代史称“青铜时代”。

那是一个闪耀着青铜金光的时代，威严厚重。

即便青铜生产日益规模化、工匠技术提升，但青铜器依然是奢侈品。铜料的开采冶炼、耗资巨大的工场，还有供养庞大的工匠队伍——这在成套的青铜器生产上尤其如此，都不是一般人能够承担的。只有奴隶主贵族才有实力成为青铜器生产的赞助者。因此，青铜器自诞生开始就成了一定层级贵族的专享物。这在东西方皆是如此。与西方青铜器主要以欣赏与装饰用途不同，中国的青铜器却是实用型的，而且刨除兵器外只用于两项用途：吃与喝。

因为青铜器只有相当等级的贵族才可能使用，它天然成为身份地位的标识物。贵族聚会，天子或诸侯摆上与身份相符的成套青铜器。无论是商议政务、歌舞聚会还是祭祀，都少不了献牲与酒食。通俗说便是饮食。饮食之时，如何排定座位，谁坐上首、谁坐左席；如何敬酒，谁先敬酒，谁先受酒；如何用器，谁用什么样的青铜器，怎么来摆放青铜器，呼唤一套标准的诞生。“礼”便诞生在青铜器使用之时。礼仪排定了人们的长幼尊卑，规范了人们的言行。聚会上的尊卑与行为，外化到聚会之外，渗透进其他场合，进而塑造了早期中国人的思想观念。礼仪就是规矩，就是制度，是统治中国五千年的“礼义廉耻”的首要。

现存山东曲阜孔庙的东汉《敕造孔庙礼器碑》称：“君于是造立礼器，乐之音符，钟磬瑟鼓，雷洗觞觚，爵鹿柤桓，笾柉禁壶，修饰宅庙，更作二舆，朝车威熹。”阐释了青铜器与“礼”的紧密关联。到青铜时代去回溯中华礼仪之邦的源起，是一条靠谱的路径。

遗憾的是，见证礼仪之邦源起的青铜器，金属质软且易腐蚀，很快在东周时期铁器出现后被钢铁制品所取代。除了少数摆设依然使用青铜外，“青铜时代”走进了历史的尘埃。因为铜的特质和年代久远的缘故，流传下来的三代时期的青铜原器很少，成套的青铜器就更为珍稀了。《周礼》记载，只有天子有权使用所有品类的成套青铜器。周天子吸取商纣王酒池肉林导致天怒人怨，终致亡国的教训，提倡贵族们要有节制。因此，周代青铜器增加了一个“禁”的品类，寓意是禁止嗜酒贪杯误事。天子使用的青铜器禁，可以摆放全品类的青铜酒器。但是，以后的考古从来没有出土过酒禁，后人无法一睹风采，直到清末的1901年。

1901年，原来周民族的核心聚居区、当时陕西凤翔府宝鸡县三十里斗鸡台出土了一套西周酒器，其中有一件青铜禁。这种之前只见于古书的器物，首次现身于世。时任湖北巡抚端方，出身满清贵戚，是一时的政治明星，同时是喜好文雅的金石专家。他得知铜禁出土，认定是稀世至宝重现人间，迅速纳入收藏。它成了清朝重臣端方最为珍视的藏品，端方召集同僚炫耀藏品（有照片为证），又在其所著《陶斋吉金录》中，将这套青铜禁列为青铜器第一。端方称该铜禁为“柉禁”，取孔庙《礼器碑》“笾柉禁壶”之意。虽然有人提出商榷，但大家约定俗成，也就习惯称之为“柉禁”了。端方兄弟死于辛亥革命，京城房产又被人纵火烧毁，家道衰落。1924年，难以为继的家族子弟们变卖端方生前的收藏文物。其中，柉禁通过加拿大人福开森（John Calvin Ferguson）之手，进入了大都会博物馆的藏品序列。

柉禁出土时缺乏记录，所以整套青铜器一共有几件，众说纷纭。端方在《陶斋吉金录》中认为有13件，大都会博物馆陈列的序列中有14件，比前者多了“妣己觯”。以大都会博物馆的陈列为准，它包括禁一、觯四、卣二、盉一、觚一、斝一、尊一、爵一、角一、勺一。

陈列的主体“柉禁”扁平如案几，带夔蝉纹（图2），尺寸为89.9cm×46.4cm×18.1cm，重32.2kg。禁，在周代承放酒器，因为体积过大，不仅铸造耗铜太费，而且工艺要求极高，也有采取木制的，或者直接用普通几案代替的。因此，铜禁非常稀少，一说西周铜禁至今存世仅三件，一件藏于天津博物馆，一件2012年在陕西宝鸡出土，都是与大都会博物馆藏品类似的样式。也有将收藏于其他地方的摆放酒器的青铜案几一律称为“禁”的，它们并非长方体的铜器，更类似于铜案。但即

▲ 图2

▲ 图3

便如此扩大范畴，铜禁存世也不超过十件。

带座鼎卣位列藏品上排左一，卣高31.8cm，总重8.8kg。卣是装酒器，盛行于商代和西周。（图3）妣己觯位列上排左二，高12.7cm，腹径7.6cm。觯是饮酒器，形似尊而小，有的有盖。（图4）鼎尊位列上排左三，高34.9cm，口径28.3cm，底径17.5cm，重7.3kg。尊，是中国特有的盛酒器，形状特点鲜明，底部圈足，腹部为原形或方形，拥有长长的颈部和宽敞的口径。尊盛行于商代至西周，春秋后期就很少见。最著名的青铜尊当数现藏于国家博物馆的国宝“四羊方尊”了。尊是盛酒器，古人需双手敬奉盛满酒的尊，呈给长者，进而引申出了尊卑贵贱的含义。雷纹觯位列上排右二，

▲ 图4

▲ 图5

高 14cm，腹径 7cm，重 0.7kg。无座鼎卣位列上排右一，高 47cm，宽 29.2cm，重 14.1kg。

中排开始，子执拂斝位列左一，总高 33cm，宽 26.7cm，重 5.4kg。斝是温酒的酒器，圆口，一般为三足一耳，中有两柱，通体喇叭状。商汤王定斝为御用酒杯，诸侯则用角饮酒。多数人根据斝的出土，认为这套铜禁为周天子的御用之物。牺形爵位列中排左二，高 25.1cm，宽 22.9cm，重 1.4kg。爵是饮酒器，在出土的青铜器中最常见（图 5）。爵为三足，是三代常用的酒器，以不同的配套、形状显示使用者的身份。逐渐地，爵演变为贵族尊卑高下的标志，成为贵族封号的代名词。爵位、爵号等，便是君王对贵戚功臣的封赐。旧说，周代有公、侯、伯、子、男五等爵。后世的爵位，都是参照周代五等爵演变生发的。父甲觯位列中排左三，高 14.6cm，腹径 7.9cm，重 0.7kg。妣己觚位列中排左四，

▲ 图6

▲ 图7

高 21cm，口径 12.7cm，底径 7.1cm，重 0.5kg。觚也是一种饮酒器，圈足，敞口，长身，口部和底部都呈喇叭状（图 6）。父乙觯位列中排右三，高 14.6cm，腹部为 14.6cm×12.4cm，重 0.9kg。祖癸角位列中排右二，高 20cm，口宽 14.6cm，重 1.1kg。角作为青铜器，念“jué”，是盛酒器。父乙盉位列中排最右，高 28.6cm，总宽 23.5cm，重 2.5kg。盉是饮酒的过渡器皿，古人用水来调和酒的浓淡，以适应不同的口味需求。调和酒和水的器皿就是盉。盉形状不一，普遍形状是圆口、深腹，一般有盖，且前后各有流、錾，盖和錾之间有链条相连，底部有三足的，也有四足的。整体造型比较繁复（图 7）。

摆在整套青铜禁最前方的是青铜勺，长 20.3cm，高 4.4cm，重 0.5kg。勺的用途，几千年都没有变过，是盛酒水用的。此勺出土时，在带座鼎卣腹中（图 8）。

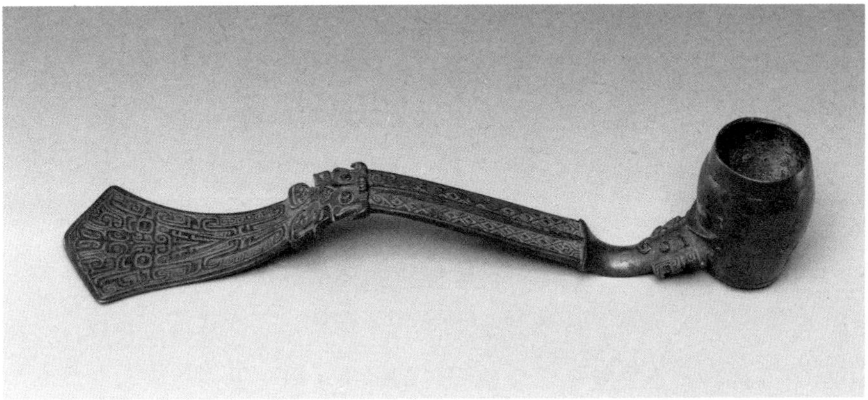

▲ 图8

端详之，我们会发现青铜勺身上花纹美观。周代贵族，在使用青铜器标记身份地位的同时，在纹饰方面也颇下功夫。地位越高的青铜器，纹饰越复杂、美观、威严。大都会博物馆所藏柉禁虽然历经数千年沧桑，依然保留了相当美观的纹饰，多数器皿内部还有铭文。今人命名青铜器，主要的依据便是其内部的铭文。

柉禁虽曰成套，其实并没有囊括周代青铜器的所有品类。柉禁都是酒器，也就是与“喝”有关系，没有包括与“吃”有关的器皿类型。青铜器是大都会博物馆中国藏品的重要门类，从20世纪初期就开始收纳，至今已经形成品类齐全的收藏格局。试举馆藏的几件精品，来识别一下其他品类。商代青铜鼎（图9），高20.3cm，直径17.1cm，是一件来自更

▲ 图9 商代青铜鼎，高20.3cm，直径17.1cm

加遥远的商朝的文物。鼎是最重要的青铜器品类之一，用以烹煮肉和盛贮肉类，通常体积硕大。大都会博物馆所藏的商代青铜鼎，应当是鼎中“异类”。中国以“美食王国”“烹饪之国”著称，其实我们的先民，烹饪手法相当有限。人类最早学会的厨艺是烧烤，那是祖先从熊熊燃烧的烈火中自然而然学会的技术。之后相当漫长的时段里，中国人的厨艺都没有长进，只是多了“煮”“蒸”等少数技艺（炒菜迟至宋代才发明）。煮东西的主要工具，就是鼎。主要是肉类，其次是蔬菜，都可以放在鼎中，倒上水，在鼎下堆薪煮熟。从人类诞生到东汉王朝，鼎统治着中国人的厨具——当时中国人依然以煮为主。鼎主要分三足的圆鼎和四足的方鼎两大类，自由搭配鼎盖。

贵族聚会，自然不会只有一道菜，因此需要多个鼎。鼎的规模与形制，迅速演变为礼法，变为身份地位的象征。将鼎按照大小排列，称为“列鼎”。列鼎是有鲜明象征意义的政治行为，有着严格的礼法规定，诸侯列九鼎、卿大夫列七鼎或五鼎、普通士阶层只能列三鼎或一鼎。天子可以列十二鼎，遗憾的是至今未见周天子之陵墓，因此难以验证是否有十二鼎的存在。后世的中国人将列九鼎代表中央政权。据说，大禹治水成功后，收天下之金铸九个硕大繁复之鼎，象征九州。鼎从此具有了传国重器的意义。国灭意味着鼎迁，商朝推翻夏朝时，商人迁大禹所铸九鼎于商都亳京；周朝灭亡商朝，周人又迁九鼎到周都镐京，周平王东迁时又携带到洛阳。古代中国，定都或建朝称为“定鼎”，觊觎大位称为“问鼎”。鼎之轻重，除天子外不能叙说。

随着佛教在中国的传播，鼎这种器皿最终退缩到寺庙大殿前，既是装饰物，又供焚香之用。材质变为以铁为主。即便如此，“鼎”字依然与权力、地位紧密关联，拥有盛大、煊赫、正确的引申义。后世旌显功绩、宣示盛世，往往铸鼎，陈列盛况；还有国运鼎盛、一言九鼎、大名鼎鼎等光辉的褒义词。鼎足为实心，如果中空，就变为了鬲，也是古代炊具。

大都会博物馆还藏有西周青铜瓿（图10），高54cm，直径49.5cm。瓿类似小瓮，用来盛酒或水，除了青铜也有陶制的。

▲ 图10　西周青铜瓿高54cm，直径49.5cm

大都会博物馆另藏有西周青铜簋（图11），高16.8cm，宽22.4cm。簋，是三代青铜器的又一重要品类，用于盛放煮熟饭食，也用来盛放祭品，圆口，深腹，双耳或无耳。簋形体厚重，器身多装饰兽面纹，有的器耳做成兽面状。西周簋的形制多样，圆座方座、无盖加盖都有。簋是吃饭的常用器具，后来也演变为身份地位的标志物。宴享和祭祀时，

▲ 图11　西周青铜簋高16.8cm，宽22.4cm

簋以偶数与列鼎配合使用。也有记载，天子用九鼎八簋，诸侯用七鼎六簋，卿大夫用五鼎四簋，士用三鼎二簋。自然，繁复的纹饰也随之而来。然而，作为“饭碗”，形制复杂、纹饰繁复的簋，显然不利于推广，普通人民也使用不起。碗碟逐渐取代了簋，成为中国人最常用的饭具。

簋、甗、鼎等，之所以没有列入成套的青铜禁，极可能是因它们都是餐具，且是有相当体积的餐具，不是天子诸侯随手所需之具。周朝聚会的标准场景是：天子、诸侯坐在青铜禁后，两边的卿大夫席地而坐，他们的身前是数量递减、形制缩小的器皿，而不远处就摆放着鼎、甗等大器皿。奴仆们往来其间，端食倒水。清楚了青铜器分类及其用途，后人想必能对中国礼制的起源和功用有一大致的理解。

大都会博物馆是中国青铜器重要藏家。此件西周青铜棜禁品类完整、保存完好、规格崇高，称得上是“稀世之宝”。

自由是最好的随葬

奴隶时代的死亡，不仅是奴隶主一个人的噩梦，更是所有奴隶和姬妾、武士、宠臣的噩梦。因为，后者的生命是和主人绑定的，生前是奴隶主的附属品，死后也要追随主人前往冥界，延续未尽的职责，成为殉葬品。这种以活人陪葬的制度，就是人殉。

现代博物馆技术复原了数千年前的墓葬现场。在国内诸多博物馆，我们都能看到先秦时期的模拟墓葬。根据与墓主人的关系不同，人殉出现在不同的地点：主墓室、耳室、墓道。他们有的在入葬前就遭到屠戮，有的沿着墓道遭到有计划的屠杀，还有的人在漆黑一片的绝望中倒数着死亡的到来。最为悲惨的当数墓门口的骸骨，殉葬的他们至死都在挣扎，希望远离死亡的终点。他们冲到了与光明一门之隔的地方，抓挠门壁、嘶吼呼救，直至被死亡无情吞噬一切……

自由支配生命的权利，是一个人之所以为人的基本权利。罪恶的人殉，每次让多则上千条生命、少则数条人命为诸侯、大夫和奴隶主陪葬。制度从诞生之初，就在道德上一败涂地了。随着劳动生产率的提高，人殉制度在经济上也越来越不划算，消灭人殉的声音随之出现。秦献公元年，开风气之先的西陲秦国率先废除了人殉制度。

然而，养尊处优的贵族、慈眉善目的长辈去了另一个世界，却要沦入无人伺候、无人帮忙料理随葬财富的困境，这让后人情何以堪？后人在给活人以生命自由的同时，也在寻找可能的替代品。最初的替代品是以茅草扎成的人形，称为“刍灵”。可惜，茅草的可塑性太差，刍灵失真较重，人们转而用泥、陶、木、青铜等材质制作人形，便产生了“俑”。

俑的出现，极大拓展了殉葬品的表现空间。如今除了出土有奴仆、舞者、乐师、武士、仪仗等人佣，还有诸多鞍马、牛车、庖厨用具和家畜等明器。在人殉时代，痛苦和恐惧霸占了人的表情，除了僵直的身体，他们没有其他动作。俑的制作，赋予了创作者广阔的发挥空间：人俑的穿衣打扮、或喜或悲的表情、融合当时机械工艺的四肢动作等，拆解组合为丰富的殉葬内容。

制俑技艺不断发展，人俑可以尽可能真实地还原活人，有些面容可谓栩栩如生，完全挤压了人殉存在的空间。之前废除人殉的风潮，高扬着道德的旗帜。如今即便人俑取代了人殉，还是引起部分人的强烈不满。孔子看到酷似真人的人俑，抨击“不殆于用人乎哉”，认为极不人道，并恶毒咒骂创作者：“始作俑者，其无后乎！”始作俑者，即典出于此。

俑的制作并未被反对声音所遏制，继续迅猛发展。秦始皇兵马俑的考古发掘，展现了两千多年前规模空前、恢宏统一的陶俑制作水平，以及逼真精细、各具特色的工艺水准。如今，人们站在兵马俑坑前，很难意识到站立之所尚且只是秦始皇巨大墓室的一部分，更难以意识到如果没有陶俑，此处便会是层层叠叠的累累白骨。时间到达汉代，人殉依然存在，但边缘化为细流，俑殉则大步迈入了高峰期。材质以陶土为主。汉俑粗糙，手法简洁，重在写意，造型拙朴又不失真。汉代陶俑大致可以分为三类：人物俑、动物俑和镇墓俑。人物俑又分兵马俑、仪仗俑、乐舞俑、侍从俑等；动物俑分禽、畜两种；镇墓俑常见的则有武士俑、天王俑和十二生肖俑等。

汉朝命名了我们主体民族，是大一统王朝的第一个发展高峰。统一和稳定，催生了经济持续繁荣、社会欣欣向荣。贵族阶层凝练发展成果，崇尚蓬勃向上的生活，好车马、尚歌舞。西汉上层盛行长袖折腰舞。该舞起源于战国时期的楚地。西汉开国元勋大多出生于故楚之地，马上短衣多楚客，长袖之风随着刘汉开国风靡两汉，延至魏晋。翩翩长袖一直舞动在汉晋南北朝的朝堂殿上、烟雨之中。

长袖折腰舞的显著特点是舞姬在扭动腰肢的同时抛扬长长的双袖。长袖曼妙，飘扬空中，忽如轻烟，忽如飞虹，饱含飘洒的美感和游龙驾云般的神韵。舞姬纤细的腰肢扭动在流动起伏的布帛之中，体态袅娜，舞姿轻盈；明眸善睐的年轻面庞出没在飘逸仙气的波涛之中，人如桃花，笑颜催人醉。中国传统文化陶醉于此种审美，文人为长袖舞的艺术效果创造了多个成语：长袖善舞、袖如素蜺、袖如回雪……

大都会博物馆所藏长袖折腰彩绘陶舞俑高 53.3cm，宽 24.8cm，纵深 17.8cm（图 1）。陶舞俑历经两千多年岁月洗礼，仍留有浅浅彩绘，推断当年体表敷施彩绘，俑人应是着色鲜明、俏丽生动。她身着长袍，右衽曳地，应是汉代长袖舞的标准衣裳;她长发垂腰，头顶中分再系于脑后，装扮简朴端庄；她右腿前屈，左手垂长袖，起右臂长袖高垂过肩，似乎准备甩袖于后，又或许准备抛举长袖于前。整个陶舞俑不卑不亢，双目直视，极可能是起舞之前施礼动作的凝固。她是未央宫上款款而来的舞者，还是长安城中万众欢呼的明星？有幸目睹芳容的工匠抓住了舞者典雅含蓄、轻盈飘仙的神韵，通过轻启长袖的一刹那，将长袖舞刻画得生动传神，塑造了一件中国雕塑史上的艺术杰作。

▲ 图 1　西汉彩绘陶舞俑

从秦汉至隋唐的出土明器中，陶俑是数量众多的“明星品类”。大都会博物馆藏有包括陶舞俑、乐俑在内的众多艺术品，有从兵马俑到唐三彩的完整序列。明器是现实的投射。陶俑中舞乐俑的繁盛，对应了使用期内的舞乐的盛行。从汉至唐，在悠悠千年历史长河中，舞乐是中国人生活不可或缺的内容。情之所至，汉朝先民不分男女尊卑，都可动身起舞。鸿门宴上的“项庄舞剑意在沛公”，两员虎将拔剑对舞，发展至汉末刘备刘璋初见宴上的双方武将刀剑群舞，近乎于挑衅；赤壁江边，曹操横槊赋诗，对酒当歌人生几何，此处的歌舞是文人雅事。汉武帝出宫狩猎逗留姐姐平阳公主家中，姐姐招待弟弟的就是歌舞，而其中一位名叫卫子夫的舞女的出现，塑造了大半个武帝朝的政治。卫子夫的装束，想必就是陶舞俑的形象。汉代的舞蹈已经融入了酒席聚宴、诗书礼乐，人们在欢聚之时动辄以舞相邀、相敬。今人所见汉代陶舞乐俑，几乎都是宴乐之际的形象，有跽坐演奏者，有揖礼而歌者，有默契群舞者，场景热烈。西汉的一天，汉景帝大宴诸王。皇子、长沙王刘发起舞，抠抠索索，动作极为别扭。汉景帝询问何故。刘发苦着脸回答："臣国小地狭，不足回旋。"汉景帝大笑，遂加封长沙王刘发武陵、零陵、桂阳三郡。

舞蹈赋予人类自由。手舞足蹈之间，先民浪漫不羁，自由表达内心、表露情绪。王孙公子可以跳跃，贩夫走卒可以登台，阶层、身份、财富、舞式都在一举手一投足中间淡化了，没有一定之规。自由的扩展，催生了丰富多彩的内容，汉晋舞蹈融合了类似现代的小品、相声乃至脱口秀等艺术形式。出土的汉朝陶俑中，就有大量的俳优谐戏形象。

其中最著名的、堪可代表汉俑的是国内的击鼓说唱俑。额际满是皱纹的陶俑戴着饰花帻，袒胸、露腹、光脚，左臂抱着一个扁鼓，右手正举着棒槌即将击鼓，正自我陶醉在击鼓说唱表演之中："他笑脸可掬，额头也都堆着笑;他笑口大开，上排牙齿全部暴露出来了;他的笑眼眯缝着，虽小，但感染力很强；至于他高兴得右腿平伸，脚掌心向外，五个脚趾对准了观众，完全是超出了常态，使人们不但没有感受到癫狂，而是感受到了兴奋。"（李明：《四川乐俑出土情况和研究现状》）看他诙谐夸张又满足的神情，当日演出的精彩不难想见。如今，击鼓说唱俑已经成为了中国曲艺的象征。

大都会博物馆也藏有一件类似的东汉彩绘陶舞俑，高 18.4cm，宽 15.2cm，纵深 9.5cm（图 2），是一件略显粗糙的小陶俑。这是个俳优俑，一位大腹便便的谐星，左脚抬起、双手摊开，头微微向上，似乎在甩包袱逗笑观众，又似聚力准备将包裹在笑声中的观点送达观众的心中。质

▲ 图 2

朴憨厚、充满趣味的造型，令人印象深刻。

陶俑在赐予人们生命的自由之后，又将创作的自由、社会的自由引入了坟墓，将一个开放宽松的社会摆放在了坟墓之中。

遗憾的是，俳优谐戏在三国两晋南北朝的乱世中迅速式微，以惊世夸张讽喻当权者的祢衡倒在了血泊之中，正襟危坐持礼直言的孔融也惨遭诛杀。长袖折腰舞依旧飘盈在殿堂之上，日益背负诸多规则和限制；以舞相属的宴乐转为尊卑位有秩序的机械流程、虚伪场面，甚至是参与者的负担。自由先是被挤压到墙角，然后遭到彻底扼杀。主宾下场舞蹈成了天方夜谭，即便是击节拍案也要把握尺度，否则便是轻浮与不庄重。舞者是低贱的优伶，不再有自由发挥的空间，不再有讽刺劝喻的发挥空间，剩余的只有低下的地位、程式化的舞蹈和表演出来的情感。两宋之后，舞蹈就完全褪去了自由、开放、向上等关键词。而纸张的出现和纸质明器的日臻完善，其他材质的明器在明代以后几乎销声匿迹。陶俑也退出了历史的舞台。

悲哀的是，人殉直到清朝都没有退出历史的舞台，妻妾与奴仆殉葬的现象还偶有发生。清朝前期，尚有御史奏请废除人殉：“屠残民命，干造化之和。僭窃典礼，伤王制之巨。今日泥信幽明，惨忍伤生，未有如此之甚者。”（康熙年间御史朱斐上书）御史的理由反使人更加怀念那件长袖屈腰陶舞俑。她那轻启长袖的瞬间，定格了一个时代的风采。

事死如生

死亡，是每个人必须面对的话题。中国人对死亡的想象比较匮乏，主要局限在哀叹死亡的遗憾永远无可挽回，惋惜身灭的损失永远无法弥补。我们的先人对于死后的世界缺乏哲学层面的探究。大多数中国人相信存在所谓的神灵，但神灵如何言行及施展法力、自己死后会不会变成神灵或变成什么样的神灵，并不超脱的中国人几乎一无所知。所以，中国大地上并没有滋生出对此岸或此世的宗教层面思考，也就无法诞生世界性的宗教。我们的民族本质上是务实入世的。中国最大的本土宗教——道教，也是积极入世的。

对于死亡，或许中国人唯一能达成共识的是：我们祭祀先人，死后也会享受后人的祭悼。因此，祭礼在中国非常发达，祭品、随葬品等在中国异常丰富。我们没有死后世界的清晰概念，便按照今生的模样来构想死后的生活。“事死如生”，概莫如此。

中国古代随葬品根据使用与否，大致可以分为三类。第一类，死者生前使用过的实用器，比如武士生前杀敌的佩剑、夭折的孩子生前钟爱的玩具，或者跟随了农夫大半辈子的锄头，等等；第二类，彰显墓主人身份地位的礼器，比如各种青铜器、玉器等。古人对礼器的使用有严格

▲ 图1 东汉铅绿釉陶明器建筑模型

的身份要求，礼器便成了确认墓葬等级的重要依据。第三类则是“明器”。何为明器？大凡有形无实，仿实用器制作的，或形为实用器实为专供“送死”的随葬物，均为明器，意为“有形无实之器”“送死之器”。[1]《十三经注疏》定义明器“藏器也。檀弓曰：其曰明器，神明之也，言神明者异于生器”。通俗讲，明器有两大特点，一是专门为了陪葬而制造，几乎没有使用价值；二是为了方便死者与神明世界的沟通。随着使用频次增长，明器最终成为规模最大的陪葬品类，因为制作并不简便，需要相当的物质基础，逐渐也变得与礼器一样成为彰显身份地位的标识物。

早在新石器时代，先民为了便利死者在另一个世界居住、保暖所需，烧制了方形尖顶陶屋、彩绘陶靴等随葬。这是最早的明器。商周时期，明器开始普遍应用。河南安阳商墓中在礼器、武器之外，还出土了仿青铜礼器制作的陶明器。战国时期的墓葬出土了更多的明器，有陶制的礼器、

[1] 参见蔡永华：《试论明器在丧葬中的作用》，载《四川师范大学学报》1986年第1期。

乐器，象征车马的小型车马饰，还开始流行木质俑。竹木制作的床榻几案等家具和琴、瑟等乐器，是当时明器经常仿制的对象。

截至此时，明器尚且是随葬品的一个品类而已。夏商周三代的墓穴里，人殉、陪葬兽类及日用器物、金银玉器等远远多于明器。春秋战国盛行厚葬之风，许多王公贵族死后往往携带大批奴仆、生前器物一同下葬，幻想到另一个世界延续奢侈的生活。如此一来就产生了大问题：每一次葬礼，都是家族财富的巨大损失。如果延续如此厚葬习惯，不仅家族吃不消，而且不利于社会财富的积累。此时明器的出现，及时解决了这个问题，需求量顿时大增。

春秋时期中原地区的洛阳、虢国、卫国等地的大墓，还延续着三代以来的墓葬形制和车马坑制度、人殉制度、礼器制度。但在中原核心区内的小墓以及核心区外的大墓中，变化在悄然发生着：随葬物转变为以仿制礼器盆、罐、鼎、扁等的陶明器为主。我们不能简单将此举理解为在“事死如生”和“勤俭节约”之中的平衡，还有另一个深层次原因。周礼规定，用鼎资格与身份地位紧密相关。贵族方能以鼎随葬。陶鼎明器的出现，表明墓主人不满足于严格的身份地位的约束，哪怕使用明器的鼎也要主张自己的权利，力求跃升到一定的特权阶层。明器成了墓主人反抗旧制度的武器。偏居西陲的秦国，向来不按常理出牌，随葬品也不恪守周朝丧礼，形成了自具特征的丧葬礼俗，突出反映就是用陶明器代替了整套青铜礼器。秦汉时期，陶明器开始普遍使用，最具代表性的就是秦始皇陵出土的兵马俑，千军万马，军容严整，大如真人，又各具特色，震撼人心。汉朝墓葬中，反映家资财富、豪华威仪的楼阁庭院、侍卫奴仆、井仓灶磨、车船鸡狗等明器随处可见，种类繁多，标志着明器的高潮期已经到来。

实物葬和人殉一样，在西汉遭遇挑战，风气转衰。汉朝人认识到“人死如灯灭”，实物未必能随同灵魂前往另一个世界。于是，模型明器兴起，成为随葬的新宠。后世出土的汉代墓葬中，常见诸多模型明器，主要有粮仓、厨灶、水井、畜圈、碓房、家厕、楼阁、院落、桑田、鱼塘以及家禽、家畜等。这些汉墓中的常客，如实重现了主人生前的日常生活，也展示了当时的建筑与社会宏观情况。伴随大批量的生产，明器价格逐步走低。中下阶层的人也负担得起。所有这些因素，推动明器在汉代盛行。它们是汉朝人对梦想财富的展现，对富足生活的向往。

大都会博物馆藏有多件汉朝明器。其中“东汉铅绿釉陶明器建筑模型”表现的是汉人钟爱的庄园题材。在一二十厘米见方的陶器中，一位牧人在羊圈中照顾一群羊。羊圈呈半圆形，两端与建筑汇合。它很大程度上反映了汉朝自给自足的庄园经济。《汉书·成帝纪》载：“方今世俗奢僭罔极，靡有厌足。公卿列侯……或乃奢侈逸豫，务广第宅，治园池，多畜奴婢，被服绮縠，设钟鼓，备女乐，车服嫁娶葬埋过制。吏民慕效，浸以成俗。”豪强势力兴起是东汉政治一大特点，他们是魏晋南北朝时期门阀势力的先声。这些豪强不是东汉肇建的从龙功臣，就是日后四世三公的权贵，以自家为中心建起庄园，“连栋数百，膏田满野，奴婢千群”，几乎自给自足、割据一方。百姓羡慕庄园主的日子，梦想死后能够得偿所愿，便使用类似的明器建筑模型随葬。这些汉代明器建筑模型，基本是庄园题材，典型的模块有粮仓、牲畜圈、加工粮食的风车和磨坊、日常生活必需的灶、水井、厕所等。这些模块与人物的搭配，可以组合出多数的建筑明器，筑成自给自足的随葬空间。

汉代发达的制陶工艺，为陶制仓、灶、井、房子、院落等的烧制提供了可能。汉代中原地区楼居风气大盛，所以出土了许多陶楼明器，有望楼、仓楼、戏楼等，是汉朝居所的反映。大都会博物馆就藏有东汉明器瞭望塔（图 2）。三层高塔，做工复杂，最高层有卫士在警惕地眺望远方。死者显然希望，死后也有忠实的警卫保护自己的安全。

汉代随葬明器中的陶灶，值得一说。民以食为天。汉朝人的饮食，还相当质朴与简陋，一般以蒸煮主食为主，能够配合腌菜，就算美味。肉类则是相当阶层的人群才能享用。用单调来形容汉代厨房，也不为过。但是，现世的陶灶用心颇多，灶面食材普遍丰盛滋润，拥有鸡、鸭、鱼、肉、鳖等各类美食，以及刀、勺、碗、盘、铲、瓢、钩等各类炊具。这些丰富多彩、生活气息浓郁的塑形，同样寄托了当时人们的美好期许。

另外还有厨师佣，有在灶台边做操刀状，也有单独出现的。大都会

▲ 图2 东汉铅绿釉陶明器建筑模型瞭望塔

博物馆馆藏的汉朝明器陶灶（图 3），虽然没有用人，还是引人联想：汉朝先人在这灶台边如何操作，要做出怎样的美味？它体现了我们祖先对生活富足、社会安定的渴望。

魏晋南北朝的分裂局面，导致南北方审美异趣，其中就包括墓葬文化与明器。北方还流行陶明器，形象有武士、胡人、伎乐、牛车等；南方新兴青瓷明器，有莲花尊、魂瓶、虎子（溺器）等特色形象。出现在唐代、大放光彩的唐三彩，本质上也是明器，工艺水平精湛，已经成为艺术精品。进入宋代，造纸术及纸作工艺勃兴，大放异彩，纸明器迅速冲击其他质料，逐渐占据垄断地位。人们倾向使用更能表达丰富内容、价格更低的纸明器，只有官僚贵族墓中还使用陶、木明器。到了明朝，中国人已经基本改用纸质明器。纸糊的房子、马匹、金银甚至娘子等，构建了一幅现世的多彩图景。另外，纸明器还能绘制圣君、贤相、孝子、豪杰、宴饮、狩猎、起居、百工等细腻多彩的内容，从远古历史到汉代人物，无不品类齐全、应有尽有。明器彻底完成了从陶制到纸制的转变。

如今，因为丧葬改革，几乎没有人使用明器了。不过，众多出土或仿出土的明器不时还出现在一些附庸风雅的“高档”场所。不知道使用者在吃饭时，看到桌旁的明器虎子，会作何感受？

◀ **图3　汉朝明器陶灶图**

灵魂栖息于此

我们的肉体走完漫漫人生路，灵魂即将启程前往另一个世界，还要那般马不停蹄地赶路吗？灵魂是否需要一个休憩的栖息地，积蓄前行的力量，回望俗世的情感？

西晋年间，江东会稽郡始宁县郊区密布着一个个窑址（在今上虞县），利用当地特有的水土烧制瓷器。若干年后，这些瓷窑将生产帝国令人艳羡的高端日用品，拥有一个闪光的名字：越窑。而在当时，窑工们主要生产一种体积硕大的早期瓷器，买家则是江东诸郡的大门大户。

可能是在淫雨霏霏的一天，又一件产品走出窑址，交到几个风尘仆仆的来客手中。客人捧着这个瓷器，风餐露宿赶回家乡。在他们的家乡，一场盛大的葬礼正在筹办。远道而来的瓷器，随着死者的棺柩，被恭恭敬敬地送入坟墓。棺柩盛放在墓室正中间，这件瓷器同礼器、明器等随葬品一起围绕在墓室四周。彼时的棺木一侧大一侧小，死者头枕大侧，脚放窄小的一边，此件瓷器便放置于偏大一侧，临近死者的头部，仿佛有若干默契的联系。在家眷和亲属的悲哀痛哭之中，光线逐渐从墓室中撤走，晶光铮亮的瓷器陷入了无边无终的黑暗，拥抱宿命般的永夜……

然而，千百年后一个偶然的机缘，它被一道强光猛然唤醒。青瓷特

▼ 西晋越窑神人楼阁纹青瓷瓶

有的釉色在光的抚摸下，闪耀如新。它的真容在诞生上千年后才得到欣赏。后人也幸运地一睹西晋青瓷的光彩，并挖掘了远超器物的丰富内涵。

大都会博物馆所藏之西晋越窑神人楼阁纹青瓷瓶，高 45.4cm，宽 30.3cm，呈异形瓶状，全身施青绿釉，釉不及底，釉层光亮。如果说棺柩是死者肉体的永居所，那此青瓷就是灵魂的栖息所，俗称魂瓶，也称魂魄瓶。

相传，魂瓶的起源与伯夷叔齐有关。周武王灭商后，伯夷、叔齐二人忠于殷商，誓死不食周粟，饿死于首阳山。时人感念其抱节之志，在他们的陪葬品中放入了“五谷囊”。五谷囊极可能是一种装有谷物的容器，方便伯夷、叔齐的灵魂饱餐后精神抖擞地迈向另一个世界。魏晋时人王肃在《丧服要记》中记载了一则有关五谷囊的趣事：春秋时鲁国哀公为父举丧，陪葬品无五谷囊。孔子见而问责于他。鲁哀公狡辩：“五谷囊陪葬，起自伯夷、叔齐不食周粟而饿死，恐其魂之饥也，故设五谷囊。吾父食味含脯而死，何用此为？”鲁哀公自知无礼，狡辩得很勉强，由此可知，春秋时五谷囊已经成为重要的陪葬品。魂瓶随葬的礼俗已然确定，早期魂瓶实为贮粮之器。如今出土的魏晋时期魂瓶，还有在底部残存谷物的。

魂瓶的主要内容和价值，在于上部的堆塑。我们的先民把亲人生前享受的世间美好和对他世繁华的期望都堆砌在魂瓶之上，希望离去的亲人能承接这份财富。

魂瓶的堆塑，象征死者生前的物质状况和社会阶层，堆塑越繁复，表示主人的社会地位越高、家族越富裕；堆塑稀少的，则俗世的状况较差。当然，也有毫无堆塑物的魂瓶，显示放置者既非权势之家，也非布衣草根。世间没有一模一样的魂瓶，每个魂瓶都是窑工根据亡者家族的设想，手工制作堆塑，再和下部瓶身拼接而成，每一件都是独一无二的艺术品。

既然是需要定制的奢侈品，那么即便是最简单的魂瓶，普通百姓也几乎无力承担。所以，魂瓶是上层社会专享的陪葬品。

大都会馆藏青瓷魂瓶最上部塑有两层飞檐阙观。汉阙造型古朴典雅，是汉代高门大殿的典型标志。高耸的阙观，又盖在顶端，契合了“忽见楼阙好屋。问此是何处，云是天上”（《晋书·贾后传》）的意境。阙观与瓶体相通，可供魂灵出入魂瓶，登高远眺。想必人们希望灵魂告别栖息所，登阙观之上做最后的凝望，然后升天而去。

阙观立于西晋流行的四方形院落之上。该种院落样式呈四方形，中间为多层或单层楼阁（魂瓶改为阙观），四周绕有一圈带花墙的庑廊。每面院门大开，外人可以看清院内情形。死者极可能在该院落中度过了美好年华，也许是父子嬉戏、家族欢宴，或许是夏夜乘凉、冬日观雪。

院落往下，堆塑的中间内容最为繁复。汉晋时期，庄园经济强盛，上流阶层的财富积存于庄园，储存于仓库。限于魂瓶的圈形，要表现广袤的田地、桑园、池塘、馆舍、粮仓等绝非易事。窑工们惯常使用反衬手法来表现财富。他们用奔跑的家畜来表现田野、用自由的野兽来表现山林、用桑叶和蚕来表现衣物、用夸张硕大的鱼虾来表现池塘，以及用争食的飞鸟来表现谷物的充盈。好一派繁荣景象，暗示着主人所拥有的令人称羡的财富。大都会馆藏的这件魂瓶的家禽和野兽，便采用了这种表现手法。

魂瓶沿袭了中国流行的墓前立碑习俗，堆塑中通常有龟驮碑的形象，碑形大多采取圭首尖额形状、且带有写明死者简明官爵的额文标题，诸如“荆州刺史”“汝南太守”此类。大都会的此件魂瓶中部有多道龟驮碑，但碑首不是圭首尖额，而是类似阙观的建筑屋顶，也没有文字。它的主人，可能是没有权位的富户，也可能是死亡仓促而至，家属来不及定制碑文。

碑文的欠缺，使后人无从知晓魂瓶主人的身份，非常遗憾。

不少魏晋魂瓶刻画了更为生动和详细的景象，比如家仆驱赶鼠雀、庖丁家厨烹饪劳作，以及鼓吹送葬的场面：乐手鼓瑟吹笙、妇女掩面哭泣、孝子屈膝长跪。或喜或悲，或丰腴或清新的瞬间，定格在了阴阳两世间歇之上。

西晋初期，人物俑大批量地出现在魂瓶上。最常见的是舞乐杂技俑，有说唱、鼓掌、拿顶、弄丸等的歌舞俑、杂技俑，还有跪着演奏排箫、直笛、笙、鼓、琴、琵琶等乐器的乐手俑，塑造了歌舞表演和赏乐观舞的完整场面。活跃的舞乐场面，尽可能照搬了亡者生前沉湎于歌舞享乐的生活。考虑到西晋短暂统一后即爆发内战、继而分裂，美好的舞乐场面更是对歌舞升平的太平盛世的向往。除了歌伎乐手，汉晋庄园主和大户人家还蓄养了大批家兵僮仆，规模大者甚至能拥有私人武装。他们的魂瓶上，自然也有所体现。持兵器的守门俑、拱手侍立俑、持械武士、巡逻的骑兵俑等家兵僮仆俑，像在人间一样守卫着主人。

大都会馆藏的魂瓶，腹部也有一圈人物俑，却是第三类：祈祷亡灵的拱手跪坐俑。西晋佛教尚未兴盛，民间崇佛敬礼之风未起，拱手跪坐俑并非佛像也非信徒，而是长江中下游特有的巫师群体。“会稽俗多淫祀，好卜筮。”（《后汉书·第五伦传》）东南地区巫觋之风兴盛，人们相信巫师有助于亡灵飞升。拱手跪坐俑双手交叉在胸前，虔诚地为亡灵祈祷。其他魂瓶上的跪坐俑也有头部微垂、双手捧果奉献的形象。大都会博物馆将此瓶的拱手跪坐俑鉴定为“神人”，有商榷之处。

腹部人俑已是堆塑的末尾，往下便是罐体。罐体造型饱满，体积厚大，以此表现膏壤沃野、田园广阔的庄园。环绕大罐还疏朗地贴有祥瑞中的珍禽异兽，比如白虎、朱雀、麒麟等。其他魂瓶也有用人、狗、鹿、猪、鱼、龟等形象的。罐体雕塑的稀疏，与上部堆塑的密集，形成了鲜明对比。

魂瓶成规模出现于西汉，勃发于魏晋，到西晋达到高峰。现存汉代至两晋的魂瓶器形较大，高宽相差较小，多为平底；更醒目的是，堆塑内容丰富，楼阁馆廊、鸟兽伶俑，不一而足。到了宋代，魂瓶发生大变，形状近似现代的瓶状，削长修足，釉面有明显的玻璃质感。更大的变化是，堆塑开始消失，简洁的女佣女官取代了复杂的飞虫鸟兽。同时，宋代瓶颈细长，常常绕以云中飞龙，顶部雕饰飞鸟——那是神界的青鸟使者，可以指引灵魂羽化离冥，寻得仙山。灵魂飞升的坐骑则是瓶颈的神龙。明清时期，明器材质转为纸质，魂瓶开始减少。民国以后，魂瓶罕见，基本退出了随葬品行列。

大都会博物馆所藏的这件青瓷魂瓶，寄托了亡者家族富贵长存的祈望，折射了汉晋的庄园经济和社会生活，完整无瑕，价值宝贵。

在丰富多彩的明器行列中，魂瓶是制作最精良、工艺水平最高的品类。限制魂瓶发展的最大瓶颈可能是空间。魂瓶空间有限，建筑占了主题，人物和动物就没有发挥的空间；俑人丰富了，生产工具、生活设施及动物圈舍等就无法一一上瓶。这些工具、器皿等，它们是死者在冥界或天堂不可或缺的物品，也是家族财富的体现，便单独做成明器，与魂瓶组合，并列随葬于墓室中。魂瓶和它们一道，再现了墓主人的生活，并带着家人的期望陪伴着主人的灵魂共度黑暗中的岁月。灵魂也许消散在千秋万载之中，精美的工艺及灌注其上的美好祝福，永不消散。

草原上的中国

二十四史是由农耕民族书写的，视角也只能是农耕文明的视角。不能忽视的是，还有另外半部中国历史，是无字的，写在青青的草原上，写在奔驰的骏马上。中国的五千年历史可以看作是北方游牧民族和中原农业的汉族相互交融的历史。

北朝民歌《敕勒川》:“敕勒川，阴山下。天似穹庐，笼盖四野。天苍苍，野茫茫，风吹草低见牛羊。”这就是写在草原上的诗歌，写在草叶上的历史。历史上的北方民族及其故事已经渐渐退到了遥远的记忆中，我们对历史上的那些北方民族有太多的问题没有弄清楚。

匈奴，是活跃在从先秦至两汉的北方草原上的游牧民族，是中国历史不可或缺的组成部分。公元前209年首领冒顿始创匈奴国家，政权于公元48年分裂为南、北两部，称雄蒙古高原长达两个半世纪，后消失在遥远的西方。这个历史民族，创造了特色鲜明的匈奴文化，在中华文明史上涂抹下了浓墨重彩的一笔。大都会博物馆藏有不少的匈奴遗物，在类别上归入与中国文化并列的“匈奴文化”。

考古发掘的匈奴文物，远不如中原文物丰富，且没有发现完整的匈奴单于墓葬，缺乏珍贵的高等级文物。这也许与游牧民族没有厚葬传统

▲ 图1　匈奴虎豹双羊金腰饰牌

有关。如今在蒙古高原和西伯利亚地区及其周边发现的匈奴文物，以零散的金属制品为主。

匈奴虎豹双羊金腰饰牌（6.65cm×7.92cm）是公元前3世纪至前2世纪的匈奴贵族配饰，是大都会馆藏“匈奴文化”文物中的精品。该腰饰牌为一端偏方形另一端圆弧的马蹄形状，对称透雕着一头类似于虎豹的猛兽撕咬羊脖颈的猎杀画面。该文物保存完好，黄金光泽在两千多年后依然熠熠生辉。腰饰牌背后有扣口，应该是固定腰带所用。

黄金、动物、纹饰，这些都是部落时代先民的最爱。匈奴民族始终没有建立类似汉族的集权专制政权，长期停留在部落联盟阶段，经济与文化相对落后。匈奴地区不产黄金，现存匈奴腰饰牌绝大多数是青铜铸造的，少数质地为黄金或青铜合金，也有极少数腰饰牌为石质和骨质。纹饰画面以表现草原上弱肉强食的内容居多，装饰纹样多是展翅的巨鹰袭击羊或鹿等食草动物、老虎或狮子撕咬蹄类动物、巨鹰与老虎搏斗等，也有少量表现人物活动的纹样。大都会博物馆所藏的虎豹双羊金腰饰牌的圆形腰饰牌在匈奴普遍使用，通常成对出现，其中一件在弧形一端有系穿用孔，另一件在弧形一端有系穿用孔和凸起的小扣舌。但大都会博物馆只收纳了其中一件，另一件消失在了历史尘埃之中。

▲ **图2　匈奴龙龟纹腰饰牌**

大都会藏有多个腰饰牌。另有：匈奴龙龟纹腰饰牌，是镀金青铜器（图2，4.4cm×8.9cm）；三

▲ 图3 三羊纹青铜带板

羊纹青铜带板（图 3）则是纯铜器，造型憨态可掬。这两块长方形腰饰牌，也是一类流行的匈奴腰饰牌。这类腰饰牌通常透雕，背面没有固定用钮，青铜制成。腰饰牌透雕的动物纹样丰富而生动，如双龙纠结、龙虎相斗、对立双驼、背向双大角羊、背向双鹿、双马相斗、双马食草、虎食羊、兽咬鹿，也有佩甲带剑武士、人物摔跤、车马人物等。（单月英、芦岩《匈奴腰饰牌及相关问题研究》）大多数方形牌有边框，边框上大多数也有精美的装饰，通常有水滴形或长方形的凹陷。少数腰饰牌是素框。极少数牌则干脆略去边框。大都会馆藏的野驴纹金腰饰牌（图 4，公元前 2 世纪至 1 世纪）造型简洁生动，只有一头低头吃草的野驴，没有边框，与其他腰饰牌都不相同，可算是金牌中的异形精品。

由于匈奴没有留下太多的文物，特色鲜明的腰饰牌就是匈奴最重要的文化遗存之一了。对于没有文字的匈奴民族来说，这些腰饰牌是后人了解和认识匈奴社会的宝贵窗口。

匈奴民族所代表的游牧文明和汉族主导的农耕文明，构成了中华文明的两大支柱，匈奴文化是中华文明的重要组成部分。历史上，各个游

▲ 图4 野驴纹金腰饰牌（公元前2世纪至1世纪）

牧民族或部族仿佛一颗颗流星，在中国历史的星空中闪过，如东胡、肃慎、楼烦、月氏、匈奴、先零、氐、羌、乌孙、丁零、鲜卑、夫余、柔然、吐谷浑、契丹、室韦、女真……或复杂难辨，或遗忘湮没，难以尽数。每个民族都是独一无二的，都参与了历史进程，都值得铭记。

游牧民族创造出来的文明是“草原文明”。中国面积的三分之一左右是高原。蒙古高原、青藏高原等主要高原地区都地处长城以北，纬度较高，气温较低，冬季寒冷，降水稀少且分布不均，草场密布，天然不适宜农耕，而适宜游牧。游牧民族驰骋在草原上，与草原同呼吸，与草原共命运，汲取草原的力量，塑造了辽阔、豁达、豪爽的马背文明。这种草原文明有别于江河湖海间的文明，也有别于高山丘陵上的文明。游牧生活造就了马背上的民族不断进取的精神。他们组织性强，军事能力强，一般都能“呼啸成军，来去自如”。相对于农业文明对安定环境的渴求和维护，游牧民族求新求变，勇于探索。

游牧民族的境遇注定了其规律性地向内地进逼。当牧区水草丰茂时，游牧民族自给自足，一般不主动宣战。他们也深知南方农耕王朝的强大，没有战胜的把握。然而，当草原供养游牧民族出现困难之时，草原汉子们就不得不前往农耕地区寻求生活资源，有时是通过贸易，有时是通过战争。农耕区的富庶，持续散发着强烈的诱惑力。当畜业遭灾或平等贸易不足以获得游牧民族所需要的粮食、茶叶和布帛等生存必需品时，战争的铁骑就叩响了农耕民族的大门。

正是有了自然和经济两方面的动力驱使，游牧民族往往能够取得对于渴求安稳的农耕民族的胜利。“每当进入寒冷干旱的周期，我国北方干旱半干旱的草原地区就会变成沙漠，变得人类无法生存，草原就会向南部转移。气候就像上帝挥舞的鞭子，驱赶着游牧民族南下，去追逐他们已经南迁了的草原。而居住在温带地区的农耕民族则向原来湿热难耐的亚热带地区前进，而原来在亚热带的人们则向热带推移。”（单之蔷《理解游牧》，《中国国家地理》2005 年第 5 期卷首语）人类的文明就在频繁的迁徙和融合之中，得以延续与进步。

汉族地区与周边异族的战争与融合，可以追溯到三代之时。周朝时，北狄、西戎时常侵入汉族地区，影响了周朝政局。北方燕、赵、秦三国各自修筑长城防御异族的骚扰，奠定了日后大一统王朝“万里长城”的基础。在漫长的数千年中，汉族地区对北方游牧民族以被动防御为主，辅以经济、文化渗透。强大的汉帝国曾倾全国之力，重创匈奴，封狼居胥、勒石燕然。遗憾的是，匈奴去了，柔然、鲜卑、突厥、契丹、女真、蒙古等游牧民族前赴后继，延续了匈奴与汉族的战和关系。

汉朝亡后，中国进入了漫长而混乱的三国两晋南北朝时期。一场长达三个半世纪的分裂混战降临中华大地。各个异族占据北方各地，逐步汉化，建立各自的王朝。北方汉族受挤压和屠戮，持续向南迁移，南下的少数民族逐渐取而代之，成为华北的居民主体。《晋书》记载，当时塞外内附有三十万人，入塞匈奴有数十万人，羯族和其他进入中原大地的十九个少数民族有一百多万人，故而晋人江统在《徙戎论》中说“且关中之人百余万口，率其少多，戎狄居半，处之与迁，必须口实”。

在汉朝和唐朝这两个伟大的王朝之间，中国经历了漫长的割据乱世。少数民族是这个乱世中绝对的主角。氐族、匈奴、鲜卑、羯族、羌族等民族纷纷建立政权，参与中原逐鹿。结束分裂割据局面的是隋文帝杨坚。杨家是北周的勋贵家族，获赐胡姓“普六茹”，杨坚即“普六茹坚”。杨坚恢复了大一统的汉族王朝，将北周的官制还原汉魏旧制。紧随其后的唐朝，是令华人无比自豪的王朝，但研究表明，唐朝皇室并非纯汉族血统，而是融合了鲜卑人的血液。

日本学者谷川道雄在《隋唐帝国形成史论》中将北方少数民族对汉族主体地区的压迫称为“汉代世界帝国的自我矛盾”。对中国古代历史简单考察，我们会发现，北方乱世、异族压迫和社会综合南移三者的高峰之间存在惊人的一致。许多有趣的历史风云变幻，就隐藏在这个视角之中。唐朝覆灭后，宋朝好不容易在乱世中统一了汉族主体地区，但统一是不完整的、短暂的，依然维持着分裂局面，只是不复之前那般激烈动荡而已。正是在唐末和两宋时期，北方游牧民族再一次大规模南移。也正是在这一时期，中国的经济中心转移到了南方，一批批的南方举子开始涌向北方科举应试，伴随他们的是大运河中源源不断北运的物资。蒙古人的铁骑再次结束了分裂，成立了名副其实的第一个大一统的异族王朝。元朝贵族虽然坐了天下，却没有处理好与主体汉族人的关系，王朝不到百年而亡。朱元璋北伐时，就以民族大义相号召，谁料想明朝之后又是一个少数民族建立的王朝——满清。满清贵族的统治是民族大融合的统治，满清王朝也是一个成功的异族王朝。这一切得益于满清贵族对民族融合的重视和在其中取得的成就。

农耕中国与草原中国的关系，既有封狼居胥、勒石燕然，也有永嘉南渡、靖康之耻，战战和和，南来北往。而深层的民族融合，是农耕与草原的中国的永恒话题。

精神上的汉化

中国历史有一个有趣的规律：征服者最终遭被征服者同化。只见一个个游牧民族从草原南下中原，建立统一王朝，却没有见到重新迁回草原的身影。这些武力征服者无一不被中原先进的文化所“征服”，逃不脱消融在汉族之中的宿命。

作为以夷变夏的少数民族王朝，他们要想巩固对中原地区的统治，必须尊重占人口主体的汉族。一个政权的大政方针必须与领土内的百姓心理和文化传统保持一致，才能长治久安。对于这些征服者王朝来说，他们比汉族王朝多了一项考核兴衰的“敏感指标”，套用汉高祖刘邦的话便是：“可以马背上得天下，却不能马背上治天下。”

公元5世纪后期，大混战的南北朝时期迎来了一个强大的南下民族。鲜卑拓跋部，原居于大兴安岭附近，经过几代人的经营，先后消灭了大夏、北燕、北凉等割据势力，统一华北。拓跋部建立了足可压制南朝的北魏帝国，奠定了之后南北对峙的百年格局。北魏迅速面临困境：尽管已经成为中国北方的统治者，但都城依然是在平城（今山西大同）。汉族人已经成为了北魏人口的大多数，成为了王朝政治的根基，但鲜卑人显然和他们缺乏沟通，也没有得到他们的坚定支持。偏居平城的鲜卑贵族们深

▲ 图1 北魏帝后礼佛图

深明白守江山的艰难。他们想改变，但不知道改变从何开始。

太和十七年（493年），年轻的北魏皇帝、孝文帝拓跋宏突然大张旗鼓地南伐宋朝。在统一中华的大旗下，北魏全国戒严，军队总动员，孝文帝率领大批大臣、将领和三十万大军浩浩荡荡往南去了。大军风尘仆仆地途经洛阳，此时河南一带阴雨连绵，长途跋涉、全副武装的将士们苦不堪言。拓跋宏则兴致勃勃地带着群臣参观了城内残存的汉家宫殿，又披甲上马，要拔剑出城，继续南进。当时，连绵的秋雨已经下了一个月，河南道路泥泞，队伍前行困难、士气低落。随行的大臣和将领们原本就对草率的南伐缺乏信心，现在苦不堪言，偏偏遇到皇帝督促上路，群起拦着拓跋宏的马，恳请他收回成命。拓跋宏紧握缰绳，毅然决然地要继续南伐。最后，一些宗室重臣都哭着劝谏皇帝暂停南伐。拓跋宏无可奈何，严肃地说："此次朝廷兴师动众，如果半途而废，岂不是贻笑大方？既然停止南伐，不如就将国都迁到洛阳。"大臣们听了，面面相觑。皇帝紧接着说："诸位不要犹豫了。同意迁都的站到左边，不同意的站在右边。"迁都出乎群臣的预料。但是眼前的雨水和危险的南伐是更紧迫的问题，迁都可以停止南伐，因此多数官员只好表示拥护迁都，往左边站了。

一场"孝文帝迁都"的历史大剧，就如此戏剧性地拉开了帷幕。

迁都仅仅是手段，为孝文帝拓跋宏大刀阔斧地改革提供了契机。大批鲜卑人南下中原，他们编发左衽，男子穿袴褶，女子穿夹领小袖，大多数人不会说汉语，与汉族人格格不入。习俗与语言的冲突还是其次的，最大的问题是大量鲜卑人来到洛阳地区，居无定所，又不善农业，缺乏粮食。在各种各样的问题面前，南迁的鲜卑人难免人心恋旧，对迁都颇有微词。拓跋宏紧接着启动了"汉化"的配套措施。他下令官民禁穿胡服，一律改穿汉服；鲜卑人学讲汉语，规定30岁以下的官员在朝堂上不讲汉语的，一律免官；下令鲜卑人将复姓改为音近的单音汉姓，拓跋宏率先将皇族拓跋氏改为元氏，拓跋宏就变成了元宏；所有南迁官民的籍贯都改为河南洛阳，死后葬在洛阳城北的邙山。改革的成效，后人都看到了。北魏有效解决了与汉族地区的排异问题，王朝延续了两百多年。

在首都洛阳四郊，山水景胜首推伊水河畔的龙门。龙门畔水而立，风光秀美，东西方向两座青山对峙，远望犹如一道天然门阙，古称“伊阙”。孝文帝的汉化，全盘接受了中原盛行的汉族佛教，选择在龙门开凿石窟、雕刻佛像。其子北魏宣武帝继位后，信佛的新皇帝为父皇孝文帝和母后文昭皇太后祈求冥福，计划开凿三座石窟。但耗时 23 年，动工 802366 人次仅完成了宾阳中洞及洞内的佛经故事和皇室礼佛浮雕。这些佛雕鲜明地宣扬佛法，赞颂佛家善行，同时炫耀皇家的威仪。石窟壁面自上而下共有四层，窟门从中间将其分隔成南北两段，层与层之间雕以横栏为界。其中第三层就是北魏孝文帝和皇后缓步行进礼佛的浅浮雕。

现藏大都会博物馆的《帝后礼佛图》（孝文帝部分）便是宾阳中洞第三层的作品，尺寸为 393.71cm×208.3cm。此件浮雕作品，孝文帝头戴冕旒，身穿衮服，既不失帝王威严又神态肃穆可亲，在诸王、中官、宫女和御林军的前导、簇拥之下，行进在礼佛路上。雕刻人物与真人一般大小，容貌逼真，冠冕、伞盖、羽葆、长剑、香盒等皇家仪式、服饰都一如旧制，再现了当年皇帝礼佛的场景。整幅浮雕因为采用横向构图，人物形象略显颀长并向前倾。人物之间并无显著的大小之别，石质也难以表现服饰的区别，但各人位置、行进顺序、动作举止，特别是姿态风度的细微差异，无不衬托出作为全图中心的孝文帝迥异常人的身份与威严。将创作者高超的技艺表现得淋漓尽致，赋予了浮雕崇高的艺术价值。

《帝后礼佛图》有帝、后相互呼应的两部分。另一部分表现手法类似。文昭皇后戴莲冠、披霞帔，单手拈香，两名佩戴莲冠的贵妇紧随其后。众宫女前导、簇拥着皇后，与孝文帝相向缓步行进。

浮雕中人物的衣冠发式和伞盖羽葆等仪仗，大体与汉族政权无异，可见孝文帝的汉化改革相当彻底，且成果显著。北魏入主中原面临的落后的鲜卑族政治文化与作为统治根基的中原汉族政治文化脱节的问题，在孝文帝的主持下基本得到化解。鲜卑人礼佛，大规模雕凿佛像，同样是汉化的一大成果。拓跋鲜卑果断地与本民族的政治文化告别，全面、彻底地融入了中原。

帝后礼佛浮雕单薄浅平、人物层叠，主要依靠线条进行艺术表现，摆脱了高浮雕的印度风格，没有后者的圆润光影。浮雕的主要造型工具就是线条，人物的空间布局、人体的起伏曲直、衣纹的褶皱处理等，线条都处理得舒展流畅、疏密得当，颇有汉代画像砖以线构形的神韵，表明北魏时期外来佛教艺术已经与汉族文化相互融合。《帝后礼佛图》称得上是整个石窟雕像群的核心与精华，无论从历史、佛教、艺术哪个角度衡量，都是当之无愧的国宝。

遗憾的是，龙门石窟中的雕塑珍品，在混乱的20世纪30年代被文物贩子盯上了。奸商勾结土匪，在宾阳洞中挖去“帝”和“后”两组礼佛图，辗转运到美国后，礼佛图被一分为二，礼佛的孝文帝借住在纽约大都会艺术博物馆中，妻子文昭皇后礼佛部分则困局于堪萨斯纳尔逊艺术博物馆，文昭皇后礼佛部分收藏在堪萨斯纳尔逊艺术博物馆。孝文帝夫妻，自此“天各一方”。令人痛心疾首的是，由于浮雕面积很大，盗贼们狠心盗凿下来，将碎块分批运到北京，再进行粘接和拼装。我们如今看到的《帝后礼佛图》并不完整，无论是孝文帝部分，还是文昭皇后部分，真实大小都只有原始浮雕的七八成，且细节处千疮百孔，并不精准。

▲　图2　北魏龙门石窟石雕菩萨立像

▲　图3　北魏云冈石窟第25窟彩绘石雕交脚菩萨像

孝文帝汉化改革，推动了石窟佛教文化的发展。中国逐渐形成了以四大石窟为代表的巨型佛教艺术景观：莫高窟（甘肃敦煌）、云冈石窟（山西大同）、龙门石窟（河南洛阳）、麦积山石窟（甘肃天水）。其中，孝文帝迁都洛阳前后开凿的龙门石窟，历经东西魏、北齐、北周，到隋唐至宋等朝代，保持大规模的持续营造长达400余年之久，成为四大石窟中持续最长、保存较好的一座。而佛像是大都会博物馆收藏的一大重点，不乏北魏时期的作品。其中有同样从龙门石窟盗凿的佛像（图2），也有北魏云冈石窟第25窟彩绘石雕交脚菩萨像（图3），都向后人展示着一个少数民族王朝从精神到外在、从服饰到艺术接受汉族先进文明的决心与成果。

第二章

帝国正午的荣耀

画家李唐经历了多个时代，既感受了北宋的繁荣昌盛，又亲历了靖康南渡的屈辱不堪，也目睹了南宋社会的迷茫徘徊，他给这个时代开出的药方就是自己的作品，洋溢着高尚的气节、坚忍的毅力和不屈的信念。

▲ 图1 明钱榖《兰亭修禊图卷》（局部）

雅集一去不复返

魏晋时期，精英阶层以天地为庐，以清谈为经济；托杯玄胜，远咏庄老；白眼向权贵，折齿为美人，是为“魏晋风度”。后人观感，魏晋风度像一层薄雾，笼罩在中古世界；魏晋风度像一场闪电，惊耀在中国文化史上。

古人有夏历三月上旬的巳日（曹魏以后固定为三月三日）到水边嬉游的习俗，届时由女巫导演除害，民众沐浴消灾祈福。该日称“上巳节”，该习俗称“修禊”。这个游春祈福的仪式，在南朝演变成为精英雅集，其中以发生在东晋会稽郡山阴城（今绍兴）的兰亭修禊最为著名。

东晋穆帝永和九年（353 年）三月三日，上巳节。天下最显赫的世族门第瑯玡王氏的代表人物、时任会稽内史王羲之遍邀亲友，相聚于会稽郡山阴城的兰亭，饮酒、作诗、观山、赏水。是日岁在暮春、惠风和畅、群贤毕至、少长咸集，魏晋时期的显赫豪门差不多都到齐了：王家、谢家、袁家、羊家、郗家、庾家、桓家等，共有包含谢安、孙绰等名人在内的四十一人。旷达、清雅、飘逸的世族精英们，在曲水流觞的兰亭，饮酒赋诗。酒杯随着流水缓缓而下，魏晋风流自然弥散；众人各有咏叹诗作问世。没有主角、没有喧闹、没有觥筹交错，主宾都席地而坐，坐在溪边树下、亭前花间，自由交谈，谈玄学谈美事谈风月。

因为长期的封建割据和连绵不断的战争，文化精英们生活流离而迷惘，唯一可以依托的就是精神。权位和财富不是奋斗可以获取的，起码精神的独立与自由是可以把握的。这是一个大动荡的时代，也是一个最自由的时代；这是一个大破大立的时代，也是思想最可能有所建树的时代。

随着魏晋南北朝的终结，魏晋风度谢幕走进历史深处。大一统格局造就的专制集权氛围，文人的内外束缚日重，精神返回魏晋时期寻找寄托与安慰。越到明清时期，兰亭雅集和修禊题材的画作越多。大都会博物馆收藏了多幅该题材作品（图 2、图 3），无不充满人与自然的和谐融洽，没有高低尊卑和明争暗斗，是文人理想的生活状态。

大都会博物馆所藏的明代钱穀《兰亭修禊图卷》（24.1cm×435.6cm）是描绘该雅事的长卷。钱穀（1508—1579），明中叶苏州长洲人，出自著名的文徵明门下，善书画，风格严谨。他的画作称不上绝妙佳品，却是藏家追逐的爱品。

松竹掩映之中，江南的精英们心神俊朗、肤清颜亮，或欣赏书画、切磋艺术，或目光搜寻溪流中的酒杯，或顾盼山林。众人风流潇洒、清俊通脱，饮酒、清谈和纵情山水正是当时普遍崇尚的生活方式。大家乘兴将新创作的诗歌编辑合集，因地取名《兰亭集》。作为兰亭雅集的主人，王羲之承担了诗集的编辑出版工作，并乘兴作序。王羲之作序时，酒醉未醒。28 行、324 个字的《兰亭序》便诞生在酒兴缭绕之间。《兰亭序》既有兰亭周围山水之美，也有雅聚欢乐之情，抒发作者对于生死无常的

▲　（上）图2　北宋兰亭修禊小品图

（下）图3　兰亭修禊山水巨作

感慨。文章文采灿烂、隽妙雅迪，配上遒媚劲健、气势飘逸的王羲之书法，内外双绝。整部书法作品用笔、结构、气韵都很完美，中国书法新的巅峰作品就此诞生。王羲之酒醒后……欲望，凝神贯气提笔重写，可惜清醒时怎么写都写不出原来那种天马行空、神游自在的感觉。最后，王羲之放下了超越的执念，感叹说："此神助耳，何吾能力致？"他将已有的序看作是"神助之作"。

《兰亭集序》果真成了王羲之的代表作，也被视为鲜明体现魏晋风度的作品。后人评价"右军字体，古法一变。其雄秀之气，出于天然，故古今以为师法"，宋代米芾推崇《兰亭集序》为"天下第一行书"。"清风出袖，明月入怀"，王羲之的学识内涵、气度风采，淋漓尽致地展现在作品中。

书法是中国特有的艺术形式。其他文明的文字，没有像汉字一样发展成为一种独特的书写艺术，并且源远流长，凝聚成厚重的传统文化。书法记录了中国五千年璀璨的文明，还融入了写作者的思维观念和人生态度。这可能是只有真正进入中国传统文化的人才能理解的艺术形式。魏晋南北朝时期是中国书法发展的重要时期，王羲之的《兰亭集序》在合适的时间横空出世，呼应了历史，总结了之前的发展成果，又上升为中国书法史的里程碑，为后人留下了闪光的典范。

《兰亭集序》是达官显贵、书法家和收藏家竞相追逐的梦幻佚品。作品起初收藏在瑯玡王氏家中，后随着南朝世族遭到沉重打击而下落成疑。唐朝初年，会稽老和尚智永是王羲之的第七代嫡孙，保管《兰亭集序》。智永少年出家，虽然酷爱书法，无奈没有子嗣传承神作，临终前将它传给弟子辩才和尚。天下没有不透风的墙。辩才和尚保有神作的消息不胫而走，最后传到了唐太宗李世民耳里。唐太宗极度推尊王羲之，不仅广为收罗其作品，还亲自为《晋书·王羲之传》撰赞词，认为王羲之书法臻于至善，“心慕手追，此人而已，其余区区之类，何足论哉”！

王羲之之所以在书学史上地位至高无上，唐太宗功不可没，是赫赫有名的“皇家推手”。唐太宗在位期间，广征博集王羲之书法，官民纷纷进献。李世民经常临习王羲之作品，遗憾的是，梦寐以求的《兰亭集序》始终没有现身。神作现身的消息传来，李世民多次派人索取。辩才和尚咬紧牙关，矢口否认。李世民决定智取。他派出谙熟书法的监察御史萧翼。萧翼假扮书生，住进庙中与辩才谈诗论字，取得了辩才的信任。终于有一天，萧翼趁辩才外出，盗走了《兰亭集序》，进献给唐太宗。这就是流传最广的“萧翼计赚兰亭”的传说。

李世民得到《兰亭集序》真迹，喜出望外，敕令侍臣多人精心复制一些摹本，还将真迹刻碑竖于学士院。这些摹本和石刻摹拓本，李世民用来赏赐皇族和宠臣之用。这种“下真迹一等”的摹本很快也“洛阳纸贵”。此外，唐代书法名家欧阳询、褚遂良、虞世南等人也有临本传世。唐太宗对《兰亭集序》实在过于钟爱，以至于驾崩之前下令将真迹陪葬昭陵。从此，世间再无《兰亭集序》，后世所谓的“真迹”则是唐初的摹本。

钱穀的《兰亭修禊图卷》开头，就有一篇《兰亭集序》的摹本（图 2）。综合多个其他摹本比较，该篇摹本的质量并非上乘。尽管摹本不佳，《兰亭修禊图卷》的画作保持了钱穀一贯的风格，内容丰富而细节严谨，堪称收藏珍品。图上盖有“乾清宫鉴藏宝”等藏印，显示它得到了上自帝王下至凡人的钟爱。

兰亭修禊事，雅集一去不复返，因为魏晋氛围不在，风华自然难存。

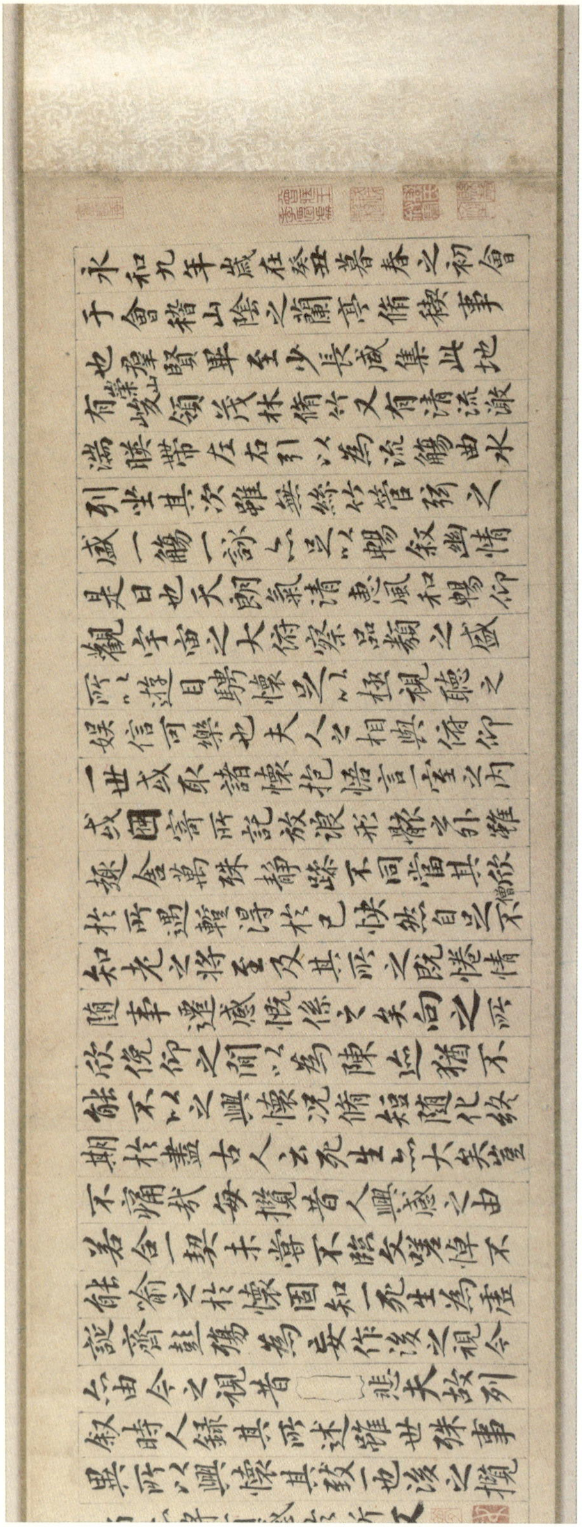

▲ 图4

兰亭雅集留下的最大遗产变为了《兰亭集序》，进而树立了王羲之的书法地位。

历代书法名家无不皈依王羲之。虽然流派迭出、名家汹涌，但王羲之的“书圣”地位仍未动摇。誉之书圣虽有圣化之嫌、高高在上之感，但王羲之苦练书法的传说无疑是中国父母训导子女练字的惯常故事，《兰亭集序》的摹本无疑是最多中国人开始练字的碑帖。

佛像封存千年技艺

欧美对东方佛教抱有浓厚的兴趣，喜藏中国的佛像。大都会博物馆收藏的佛教造像，数量之多、质量之精，国内单个博物馆难以望其项背。而在众多的佛像中，最值得一说的是堪称镇馆之宝的唐代干漆夹纻坐佛像。唐代干漆夹纻坐佛像，高 96.5cm，宽 68.6cm，近似真人坐像。大约建造于公元 7 世纪早期，也就是唐朝的开端。佛像有明显的缺陷，坐像底部包括双腿下部缺失，佛像双手自手腕处断失。整尊佛像生动细腻，栩栩如生，双目存神，双耳低垂，耳洞细长；身披袈裟，衣纹褶皱流畅自然，细节写实;袒露右肩，裸露的前胸肌滑肤洁，弹性真切;表情祥和，呈跏趺坐姿。佛像肌肤留有较为明显的贴金痕迹，袈裟表面残留鲜艳的红、蓝敷色，可以想见佛像原本色彩斑斓、光彩照人。

世间宛若真人的佛像很多，这尊唐代佛坐像的独特价值在于它是在一千多年前用干漆夹纻工艺制作的。干漆夹纻工艺是一项古老的中国手工技艺。“干”和“夹”是工序，“漆”和“纻”是原材料。纻是一种麻属科植物，即苎麻。

早在漆、纻运用到佛像之前，浙江天台山一带工匠就地取材，采集天然原材料装饰和保护各种用品、制作寿材等，他们割取漆树上的天然

▲ 图1 唐代干漆夹纻坐佛像

漆液，与天台山野生苎麻、桐油、朱砂等材料混合后，涂抹在造像或建筑上。这门古老的手工技艺是工匠们实践经验的总结，在当地流传几百年，成为独特的地域技艺。就在天台山的匠人小范围使用干漆夹纻技艺时，全国的工匠们制作的佛像面临开裂、变形的大概率问题，且色泽极易褪去。木制和泥塑的佛像难逃短命，遑论鲜活细腻的刻画效果了。如何破解？

在寻求解法的人群中，就有东晋画家、雕塑家戴逵。戴逵随着永嘉南渡的人流来到了浙江，看到天台山的工匠用生漆将苎麻包裹在梁柱上，好奇询问后接触到干漆夹纻工艺，他调查发现使用生漆和苎麻的梁柱牢固永久，而且不变形、不开裂。戴逵豁然开朗。为什么不把这项工艺用在佛像制造上呢？之后，戴逵父子改良了生漆加苎麻的工艺，运用到了佛教造像之中。经过干漆夹纻工艺处理过的佛像，拥有细腻的纹路和流畅的褶纹，而且色泽鲜艳，拥有绘画一般的表现效果，做到尽可能最原始、最持久地保持佛像神韵。佛像经久不蛀、不开裂也不变形。

干漆夹纻造像，首先需要一个内坯（核心），通常先用泥像做坯，之后用麻片和干漆层层包裹粘贴，塑造出佛形，反复打磨，涂以朱砂等辅料，再贴上金箔和研光，最后经过工艺处理，基本完成作品。待漆干后，最后将泥模取出，中空的佛像便横空出世。整个制作过程取材考究、做工精细，有四十多道工序，全程手工操作，考验工匠们的熟练、耐心与细心；经多种技艺处理后，成品汇集了雕塑、彩绘、金装等多个门类的艺术魅力。

干漆夹纻造像的发明，迎合了南北朝时期佛教的兴盛，得以迅速推广运用。南北朝隋唐时期，许多寺庙佛像采用夹纻手艺。在技艺的发明地天台山，还诞生了首个中国本土化的佛教宗派——天台宗。东渡日本的鉴真大和尚，便是天台宗的大师。他带去了天台宗的教义，也带去了干漆夹纻造像工艺。鉴真往生后，弟子众人利用东传的干漆夹纻工艺为师父制作了一尊塑像——鉴真和尚干漆夹纻像（80.1cm）。一千多年来，该塑像得到精心供奉，已然成为公认的日本国宝。大都会博物馆所藏坐佛像，保管不如鉴真像完整，但年代更久远、体形更庞大，无愧为大都会博物馆的镇馆之宝。

干漆夹纻佛像体轻中空，保管不易。在唐晚期两度灭佛以后，干漆夹纻佛像遭毁坏殆尽。灭佛运动的更大影响是大修佛寺、大兴塑像之风戛然而止，后世再未出现之前的佛像盛况。首先受到冲击的便是费工费时、工艺要求高又保管不易的干漆夹纻造像技术。虽然元朝、明朝还有干漆夹纻造像，但是技术已无法挽回地衰败，直至民国几近失传。后世所称干漆夹纻，其实只是吸取了“脱胎”这一个技术环节的漆器制作技术。

大都会博物馆的干漆夹纻佛坐像原本是河北省正定隆兴寺的佛像。隆兴寺建于隋朝，馆藏这尊佛坐像应该是建寺不久即入藏寺中，同批一共入住四尊相似大小的佛像。隆兴寺于宋代、清代都进行过大规模整修，康熙皇帝正式赐名“隆兴寺”。因寺中有一座大佛，当地老百姓俗称为大佛寺。大佛寺至今犹存。隆兴古刹于乾隆朝再次迎来大规模修缮，此次工程的玉牒册页《御制重修正定隆兴大佛寺碑记》（图 2）也由大都会博物馆收藏。该册页由清代书法家董诰楷书。董诰是浙江富阳人，累官至内阁大学士、太子太傅，其父董邦达也是著名书法家，父子俩有“大小董”之称。碑记保存完好、字迹工整，记载了修寺前因后果，也是一件难得的文物。

到 20 世纪二三十年代，隆兴寺随着大局一起衰败。四尊唐代干漆夹纻佛像落入文物贩子之手，后来为日本商人购得，其中一尊转卖流入大都会博物馆。现存干漆夹纻佛像极少，唐代的更少，保存相当完好的屈

▲ 图2 御制重修正定隆兴寺碑记玉牒册页

指可数。因此，大都会博物馆所藏唐代干漆夹纻坐佛像完全称得上是稀世珍宝。至于干漆夹纻技术，近年有所抢救恢复，希望能重现尘封在唐代干漆夹纻坐佛像中的技艺。

唐玄宗时代的骏马

现代人无法感受马匹对于中国先民的重要意义，就像先民无法意识到汽车对于现代人的重要性。除了代步与耕犁工具外，骏马还承载了先民对速度和力量的追求、对自由的向往、对未知世界的探索。先秦传说穆天子远赴昆仑会见西王母，得知中原有事便驾驶八匹骏马日行三万里返回东方，其中包含速度战胜距离的渴望，包含对遥远异域的瑰丽想象。另一个更常见的场景，是中原农耕文明面对北方游牧铁骑骚扰侵袭的时候，把对力量的追求投射到马匹的身上。游牧骑兵对农耕步卒具有碾轧式的优势，促使后者千方百计地寻求良马武装自己，进而歌颂和创作骏马。中原王朝很快就意识到："马者，甲兵之本，国之大用。"（《后汉书·马援传》）马政为国家重务，大凡积极进取时代，无不骏马嘶鸣、军容齐整。马，是中国先民雄健尚武精神的见证，也是一个王朝强盛进取的象征。

大唐帝国在7世纪初横空出世，中国历史进入承前启后的重要时期。唐朝接续隋朝事业，发扬秦汉遗风，兼收农耕和游牧文明之精华，风尚雄健。其在军事上的辉煌成就，铸就了一个"天可汗时代"。突厥、渤海、吐蕃和西域诸国纷纷臣服。马匹自然功不可没，在唐人记忆中镌下深刻痕迹。牧人驱犊返，猎马带禽归，是唐人的生活。而"五花马，千金裘，呼儿将出换美酒，与尔同销万古愁”洋溢着热情和洒脱。

唐代皇室夹杂胡人鲜卑血统，不类汉人。李氏家族潇洒开放，驰骋疆场，马上得天下，马下治盛世。开国的唐太宗李世民对骏马有很深的感情，他把自己先后骑过的战马分别命名为“拳毛”“什伐赤”“白蹄乌”“特勒骠”“青骓”“飒露紫”，并在陵墓祭坛东西两侧用大青石浮雕石刻六骏，史称“昭陵六骏”。其中，“飒露紫”“拳毛”两块石刻现藏于美国宾夕法尼亚大学博物馆。

唐太宗的曾孙、唐玄宗李隆基继承了家族的爱马传统。他的统治将唐朝推向了鼎盛巅峰，使之具备了搜罗顶级骏马的条件。当时，西域诸国与唐朝关系密切。唐朝将义和公主和亲西域大宛的宁远国王。宁远国王向唐朝回献了汗血宝马。汗血宝马在中国是良马的代名词，当年汉武帝曾倾全国之力远伐西域，就为求得汗血宝马。如今，爱马心切的唐玄宗得马大喜，从中挑选两匹骏马收为御骑，分别赐名“玉花骢”和“照夜白”。我们在大都会博物馆看到的《照夜白图》就是李隆基其中一匹坐骑的画像。

画作主体是纸本水墨，长 30.8cm，宽 33.5cm，没有署名，但普遍认为作者是韩干。

韩干出生地与生卒年月皆有争议，资料一般言其少时家贫，曾为酒肆雇工。这大致是可信的。在门阀遗风尚存的唐代，世家子弟不会出现籍贯、生卒年月不详的情况，可见韩干出身不高。据说，韩干一次去给大诗人王维送酒，等候空闲随兴画了一幅人马图。王维得见，觉得孺子可教，便资助他学画。有人因此说韩干出自王维门下。这种说法已经无法考证。但是从韩干画作的朴素淡泊风格来看，与王维的思想相通。他和王维在精神上倒有师承关系。韩干后来以画马闻名，入宫为宫廷画师。

▲ 图1 唐韩干《照夜白图》

李隆基令初来乍到的韩干多向宫中前辈画家求教画马，韩干回应："臣已有老师，陛下内厩之马皆臣之师也。"李隆基非但没有生气，还允许韩干去御马厩临摹马匹。韩干被一匹拴在马桩上的烈马吸引了。它健硕刚烈、怒目圆睁、四蹄腾骧、亢奋昂扬。韩干兴奋地挥笔素描，留下一纸国宝。这匹烈马，就是照夜白；这幅素描作品，就是《照夜白图》。

韩干用坚定的线条白描出马的身体，只在四蹄和马首处施以淡墨，再配以遮挡在马后的木桩，画面简洁，主题突出，彰显了照夜白健硕的形体和充满质感的肌肉。照夜白双耳高竖、怒目扬蹄、昂首嘶鸣、鬃毛飘逸，成功地营造出了紧张激烈的气氛。烈马不甘受缚、狂野不羁的性格展露无遗。

画作的右上角有"韩干画照夜白"六字，根据字下方的画押，可以认定这六个字出自南唐后主李煜的手笔。考虑到李煜的艺术鉴赏能力和搜求画作能力，他的题签是确定这幅画作是韩干作品的关键证据。画作的左边上方有"彦远"二字，一般认为是唐代美术史家张彦远的题名；左下有宋米芾题名，并盖有"天生真赏"朱文印。你如果仅仅为这三位名人的题签而惊叹的话，未免为时尚早。《照夜白图》在画作之外的另一大价值，便是它的流传有序。众多名士在作品上留下了题签、跋文，其中有北宋的米芾，南宋的向子湮、吴说等人，元代的危素，清代沈德潜等十一人的题跋。入清后，作品入藏内府，被安置在内廷淳化轩。有"农家乐审美"美誉的乾隆皇帝也十分喜爱这幅马图，在卷面留下了大量题诗和钤印。光印章，乾隆就疯狂加盖了26个！而且都是不重样的。套用现在网络流行语，《照夜白图》是一个"盖成高楼的帖子"，点赞数很高。原画作仅仅比A4纸稍微大一点，随着历代题跋越来越多，这幅画的长度不断裱制加长，成了一个画卷，最终得名《照夜白图卷》。

照夜白本身，难以得知千年后还有人欣赏它的健硕刚烈；韩干本人，也无法知晓随手的素描之作，能够流传千古，且成为国宝。韩干以后湮没无闻，画作仅留下《照夜白图卷》《牧马图》等少数几幅。安史之乱在几年后爆发，大唐盛世在长安城熊熊烈火的映衬下轰然倒塌。唐玄宗李隆基骑着照夜白仓皇逃向四川，途中经历了疑窦丛生的"马嵬驿之变"。照夜白可能目睹了杨贵妃的自缢，肯定陪伴了主人逃难蜀中的落魄岁月。

遗憾的是，雄健尚武的风尚似乎随着唐玄宗时代的谢幕而淡出历史。阳刚大气、兼容并蓄、积极进取的风气随着盛唐而去了。唐朝后期，困于藩镇与宦官，格局日小；两宋文雅有余，进取远远不足，面对外辱只有怯弱和妥协；元朝虽有武功，其施政之简陋、专制之强化，使中国社会风气又为之一变；明清两代，经济与社会还在发展，但尚武之气、功业之心、宽容之度何处寻去？国家制度与精神风尚相互作用。坏制度会拖沓心志、疲敝风尚。纪晓岚、曾国藩最终取代了荆轲、霍去病，成为社会风向。没有画家会去关注如照夜白一般嘶吼的骏马。

骏马也逐渐退出战场，重装骑兵为枪炮取代——而中国的枪炮自发明后始终在低水平徘徊。"马政"依靠着制度惯性，不疾不缓地运营。汗血宝马的后裔们，不断适应环境，在茶马古道上行走、在木兰围场短跑、在田间地头驮物。大都会博物馆丰富的马匹画作藏品中，有明代《柳马图》册页（图 2）。画面上，马匹肥硕，但只顾低头吃草，画面右侧一抹醒目白色缰绳系颈挂于柳枝，健气荡然无存，满纸充斥驯服。

▲ 图2 明佚名《柳马图》册页

帝国的转折点

明君助推盛世，昏君遭致乱世，各有各的因果。然而，明君与昏君集于一身的帝王，却是极为罕见的。唐玄宗李隆基就是那个特例，他执政的前半期是明君，选贤用能、励精图治，诞生了“开元盛世”——那是中华帝国的高光巅峰；他执政的后半期堕落为昏君，任用佞幸、荒废政务，导致帝国由盛转衰，四分五裂，再也没能恢复昔日荣光。

李隆基“堕落的转折点”，恰好出现了一个“王朝的女人”：杨玉环。

那一年是开元二十五年（737年），李隆基52岁了。他经历了祖母武则天时期腥风血雨的大屠杀和步步惊心的宫廷阴谋诡计；参与了伯伯唐中宗、父亲唐睿宗时期复杂诡异的政局，接连发动政变，在刀光剑影中登基称帝；称帝后大刀阔斧改革，内外开弓，将王朝推向了强盛的巅峰。李隆基在襁褓之中就深深陷入政治，几十年没有一时一刻停歇，与人斗与天斗，全身心高度紧张。年过半百后，久坐龙椅的李隆基确实累了，而且骄傲了，想歇歇了。他迫切想尝尝皇帝的滋味，享受天下供奉。此时，有人向后宫空虚的李隆基推荐了18岁的杨玉环！

杨玉环是皇子寿王的王妃。李隆基不顾世俗眼光，将儿媳妇纳入深宫。正当大家对这段乱伦之恋非议重重之时，得到国色天香、能歌善舞

▲ 南宋《明皇幸蜀图》轴

的杨玉环之后的李隆基“春宵苦短日高起，从此君王不早朝”，而且费尽心机讨杨贵妃（玉环）的欢心。皇帝的性情和做派大变。为了给杨贵妃设计华服，有超过七百人负责给杨贵妃做衣服；杨贵妃嗜好荔枝，李隆基开辟了从岭南到京城长安的几千里贡道就为了方便快递荔枝。“红尘一骑妃子笑，无人知是荔枝来。”杨贵妃刺激了李隆基的奢侈享乐之风，这是以大唐王朝积攒上百年的国运为基础的。他拥着杨贵妃寄情深宫，终日沉迷于诗词曲赋、管弦丝竹之中，创建“梨园”、创作了《霓裳羽衣曲》等作品，带着爱人与舞乐团队埋醉其中，也顺带着被后世艺伶尊为梨园鼻祖。禁宫之外，奸臣李林甫、杨玉环之兄杨国忠先后拜相，党同伐异，祸乱朝纲。王公贵族投皇帝与贵妃所好，巴结逢迎，置内忧外患于不顾。

在唐朝强盛的巅峰之上，宰相杨国忠、贵妃杨玉环兄妹二人光芒万丈！唐王朝将为兄妹二人的辉煌埋单，二人将以悲惨的结局进行交换。

天宝十四年（755 年）年底，身兼范阳、平卢、河东三节度使的安禄山发动蓄谋已久的叛乱，史称“安史之乱”。安禄山以讨伐杨国忠为借口起兵，唐朝承平日久，文恬武嬉，沿途州县望风瓦解。第二年六月，叛军长驱直入，攻陷首都长安。

长安陷落前，李隆基仓皇宣布“西狩”，带上杨贵妃兄妹出逃四川。积蓄的不满爆炸在了途中。行至马嵬坡（在今陕西兴平县），随行禁军将士哗变，诛杀了杨国忠，围困李隆基等人。李隆基问变军主帅陈玄礼是何缘故，陈玄礼回答：“国忠谋反，贵妃不宜供奉，愿陛下割恩正法。”李隆基自然不舍，倚杖倾首不语。僵持许久，随驾大臣劝道：“今众怒难犯，安危在晷刻，愿陛下速决！”李隆基尚且心存挽回：“贵妃常居深宫，安知国忠反谋？”此时，李隆基最亲近的太监高力士也倒戈一击，劝杀杨玉环：“贵妃诚无罪，然将士已杀国忠，而贵妃在陛下左右，岂敢自安！愿陛下审视之，将士安则陛下安矣。”（司马光《资治通鉴》）李隆基众叛亲离，含泪命令高力士将杨贵妃带到佛堂中缢杀。“君王掩面救不得，回看血泪相和流。”哗变将士这才整队前行，护送李隆基逃到成都。

这就是“马嵬坡之变”的官方版本。任何重大事件，都难以百分之百地“复盘”。政变发生之际，太子李亨脱离队伍，北上灵武称帝，遥尊父亲为太上皇。整个帝国迅速背叛了李隆基。短时间内发生如此众多的大事，后世有多个解读版本。“马嵬坡之变”是诸多诗词歌赋、稗官野史和戏剧传奇集中挖掘的富矿。白居易的《长恨歌》、白朴的《梧桐雨》、洪昇的《长生殿》等都涉及这段史实。还有一则流传甚广的“稗官野史”说：禁军主帅陈玄礼怜惜杨贵妃貌美，不忍杀之，与大太监高力士密谋，以侍女代死。杨贵妃则逃往日本的山口县。安史之乱后，李隆基派遣方士出海找寻，在日本成功遇到了杨贵妃。方士将李隆基所赐的两尊佛像交给了她，杨贵妃则回赠玉簪。如今日本久津院内供奉的两尊佛像，据说就是方士所赠，又说杨贵妃死后也葬在久津院内。至今当地还保有一座五轮塔，日本人传为杨贵妃之墓。当世国内的《妖猫传》，也是聚焦此事，做了一番神幻解读。

大都会博物馆所藏南宋《明皇幸蜀图》（绢本着色，82.8cm×113.6cm），描绘的是紧随“马嵬坡之变”之后的情形。（唐玄宗因为犯清朝康熙皇帝的名讳，官民改称他为“唐明皇”。）画面中，一群骑士行进在峻山松林之间，山道狭窄，仅够两马并肩而行，暗示他们已经行进到了蜀道难行的四川盆地边缘。初看起来，一行人中并没有特别突出的人物；似乎只是一幅寻常的山路行旅图，与马嵬坡之变没有联系。细看之下，画面右边的李隆基身着红装，频频回首来路，似乎还没有彻底走出马嵬坡的阴影，心中对杨贵妃的浓烈眷恋远未淡忘。画面的左边，有一匹空闲的白色骏马。逃亡途中，骏马空闲，相当异常。它的存在，注定是队伍主人的决定。合理的解释是，它是杨贵妃的坐骑。斯人已逝，但还在李隆基的心中。白马只有杨贵妃才能乘坐。它行进在李隆基前面，给他希望，给他念想，仿佛他还在护送心爱的女人前往天府之国。一切已经天翻地覆，一切又希冀如常。此场景正应了《长恨歌》中“君王掩面救不得，回看血泪相和流……峨嵋山下少人行，旌旗无光日色薄”的文字。

需要说明的是，中国有多幅《明皇幸蜀图》传世。最早的、最著名的是唐朝山水画家李昭道创作的青绿山水画，现藏中国台北故宫博物院。它是中国青绿山水的早期代表画。画作创作时离李隆基时代不远，画家回避了皇上逃难的狼狈一面，粉饰成一派帝王游春景象，所以此图又名《春山行旅图》。李昭道绘就了层峦叠嶂、崇山峻岭的优美远景，把一群携运行李的侍从安排在画作中心，人马歇息。李隆基及其嫔妃、随从压缩在画作右下角。

涉及皇帝的题材，历来是敏感创作。即使到了北宋徽宗时期，该图因为影射皇帝之嫌，藏主不敢进献："明皇幸蜀图，李思训画，藏宗室汝南郡王仲忽家……宣和间，内府求画甚急，以其名不佳，独不敢进。明皇作骑马像，前后宦官、宫女，导从略备。道旁瓜圃，宫女有即圃采瓜者，或讳之为'摘瓜图'。"（叶梦得《避暑录话》）宋徽宗得画后相当喜爱，也临摹了一幅。

如今，日本和美国都藏有名为《明皇幸蜀图》的仿作。美国大都会博物馆的这幅藏品就是对李昭道原作的仿作，大约绘制于12世纪中叶，可能是屏风画的一部分。虽说是仿作，但因为流传稀少且年代久远，依然是罕见的宋画。

画作可以仿制，历史不能复制。李隆基还要面对失去爱人和权力的晚年生活。至德二年（757年），叛乱大定，李隆基由成都返回长安，被迫迁居别宫，开始了太上皇生涯。李隆基不能再过问政事，偶尔去大明宫也只能扮演象征性作用。陪伴他的是马嵬坡之变的旧人陈玄礼、高力士等，旧时宫女、梨园弟子还来陪他娱乐。李隆基晚年郁郁寡欢，始终对杨贵妃之死耿耿于怀。他想改葬杨贵妃，遭反对而不可行；他寻觅了杨贵妃生前香囊，珍藏在衣袖里；又绘制杨贵妃肖像，张挂于别殿，朝夕相对唏嘘。上元元年(760年)，李隆基被勒令强行搬迁。途经夹城时遭遇剑拔弩张的武士，李隆基胆战心惊，几乎坠马。之后，李隆基身边故旧就遭到清洗，高力士被流放巫州；陈玄礼被勒令致仕；梨园弟子被遣散，剩李隆基孤身一人，茕茕独处、形影相吊，终日看着陌生宫人洒扫庭院。

宝应元年（762年），郁郁寡欢的李隆基驾崩，终年78岁。弥留之际，不知李隆基有无"帝国自我得之、自我失之"的坦然超脱，有无奔赴杨贵妃之约的幸福甜蜜？

瓷器时代

我们民族得名于汉朝，我们国家得名于天下观念中“中央之国”的自居，而世界对我们的称呼，则得名于一种烈焰提取于泥土之中的器皿——陶瓷（China）。

早在远古时期，我们的先民就发现可以将黏土塑造成形，再经高温烧制成为坚硬的器皿。与华贵的青铜器相比，土质容器更便捷更便宜，迅速得到发展。人们称之为陶瓷，“陶”“瓷”同名，实则两物。简言之，陶器源自黏土，经过近1000摄氏度高温烧制，成品朴实，敲击声音发闷；瓷器源自高岭土、瓷土等特殊土壤，烧制温度超过1000摄氏度，成品多样（往往外表涂釉），敲击发出清脆声响。瓷器的制作工艺要求比陶器更高。唐朝及其之前，陶器大规模使用，统治着日用品、明器等庞大市场。从宋朝开始，瓷器爆发性地普及，中国正式进入“瓷器时代”。

中国瓷器是大都会博物馆的一大藏类，宋、明、清三代的精品都有展现。三代瓷器价值又首推宋代最高。国人对宋瓷有五大名窑之谓：定、汝、官、哥、钧。其中“官窑”特指官府直接掌控的窑址，又以江西景德镇最为著名，其他四窑都是以地命名。本文我们要观赏的，则是来自五大名窑之外的耀州窑瓷器。

耀州地处长安之北，扼守陕北南下关中的门户，在今铜川市耀州、同官等地。陕西并非瓷器的主要产地，但也出产不错的陕瓷。陕瓷以耀州瓷为佳。耀州瓷创烧于唐代，因为此地蕴含丰富的煤炭和瓷土，且流经的漆河水流充沛，又邻近人口密集的关中，在陶瓷工艺大发展的大背景下，瓷器业在宋朝得到了突飞猛进的发展。现存中国最早使用煤炭做燃料烧瓷的窑场，始于北宋早期，就发现在耀州。北宋时，因为市场营销出众，耀州窑与五大名窑能相提并论。

耀州瓷器主打青瓷，产品具有青瓷釉面光洁、色泽青幽的一贯特点，同时胎薄质坚、形制匀净，不失淡雅。大都会博物馆藏有北宋耀州窑青釉提梁凤壶，是耀州窑的代表性器物。凤壶 21cm 高，腹径 15.2cm，三足，无盖。评价瓷器的主要标准，一是看釉色。凤壶釉色完整、清幽淡雅，但谈不上绝妙，与五大名窑相比并不占优。便是与同属青瓷系列的南方越窑、龙泉窑相比，也没有绝对优势。二是看形状。耀州窑产品以生活日用品为大宗，器形有碗、瓶、盘、壶、罐、盏、枕、香薰、香炉、彩盒等，在器形上并无创新之处。那么，这件耀州窑凤壶出众在哪里呢？纹饰！

刻花纹饰，是耀州青瓷最大的特点。其他名窑的瓷器并不以纹饰著称。文人审美在宋朝多追求质朴简洁，光洁透明的釉色配上匀称平坦的瓷面，就符合文人士大夫的美感要求。但是，耀州瓷内外满布纹饰，且种类繁多，有鱼、鸭、波浪、牡丹、菊花、莲花、飞鹤、蝶蛾、犀鹤、海水游鱼、莲塘戏鸭和婴戏图案等，风格生动自然，粗犷又不失美感。也有龙凤纹饰，则是为皇室生产的贡品专用。大都会馆藏青釉凤壶，形状滚圆，壶身满是象征富贵的缠枝牡丹，牡丹丛中凤凰飞舞。提梁、壶嘴与壶身融为一体，提梁近乎半圆形，壶嘴是一个对空张嘴的龙头形象。

▲ 图1 北宋耀州窑青釉提梁凤壶

如果将提梁理解为龙的躯体，这便是一条盘绕在壶上的青龙；龙头与支撑全壶的三足，遥相呼应。

纹饰全是浮雕。遥想当年，耀州窑的工匠们一丝不苟地用刀具垂直刻出纹样轮廓，再用小刀在纹样旁小心翼翼地斜刻，并细细剔除倒痕中的底泥，保持纹样微微凸起，然后上釉，推进瓷窑烧制。纹饰线条刚劲，刀法犀利，画面清晰，绝不拖泥带水，称得上是宋代瓷器刻工之最。窑工将这道工序俗称“刻花”，将工艺要求称为“刀刀见泥”。在塑模完毕的瓷坯上刻纹，而且是里外两面刻花，对刻工的技艺要求相当之高。我们可以想象，当年每一个埋头浮雕的刻工，无不经历了从小学艺、青年出师、中年精修、晚年成熟的过程。这也几乎是所有传统匠人的养成之路。

▲ 图2 北宋耀州窑双子戏莲青瓷碗

陕西博物馆藏有类似的耀州提壶，壶外表初看只有一个狮嘴，实则底部暗藏玄机。壶底中心有五瓣梅花孔，将壶倒置灌水，狮口流水时表示壶已盛满，再将壶放正，因壶内有漏注与水相隔，所以底部虽然有梅花孔，却能滴水不漏。大都会馆藏提梁凤壶因为有盖，此项巧思应当没有用武之地。

大都会博物馆另藏有一件北宋耀州窑双子戏莲青瓷碗（图 2），也向我们展示了当年的工匠之作。这件作品的形状非常普通，就是一口日用碗，釉色也绝谈不上出色，相反还有些发暗，但是碗内外的纹饰穿越上千年，依然抓人眼球。

纹饰之外，大都会馆藏提梁青瓷凤壶的第二大价值暗含在提梁之上的小人上。传统中式水壶的提梁几乎没有任何设计，少数有编成竹纹的、有刻成飞龙翔凤的，但在简单的半圆形上安放一个小人，则极为罕见。这是为了防止主人倒水时，手滑至壶口，进而烫到手指。小人可以控制手的位置。贴心的小设计极可能是源自古希腊和罗马的灵感。地中海沿岸的水壶，习惯于在提梁处或壶口设计阻碍，防止烫伤手指或者方便用者压住壶盖——这个设计在现代水壶中已经普遍存在。耀州所在的关中地区，是丝绸之路的起点，在唐宋时期代表中华与西方世界展开物质与文化的沟通交流，身处中西方对话前线的耀州窑工们，从西方同行那里得到启发，改进了中国的水壶设计，是非常合情合理的。但是，耀州刻工没有简单安置一个障碍，而是刻画了一个悠闲的小人，坐在提梁上，仿佛在观赏龙头喷水，这又是一个中国式的场景，可谓“中西合璧”。

大都会博物馆另藏有一件耀州窑青瓷牡丹卷边杯，更是典型的受西方影响的器皿(图3)。牡丹是中国雍容华贵的花卉代表，是常见创作对象，但是中式牡丹的叶子绝不会向上卷曲，形成波浪状的杯口。同样造型的杯子，在罗马帝国的宴饮场合经常出现。我们有理由相信，牡丹卷边杯是中西方交流的例证。

我们的国家之所以被西方世界称为“瓷国”，正是那些源源不断流淌

▲ 图3 耀州窑青瓷牡丹卷边杯

在丝绸之路上的瓷器造就的。

北宋时期，耀州瓷器一度作为贡品，输向东京汴梁。彼时耀州的漆河两岸，窑坊密布，史称“十里陶坊”，集历代之盛。夜幕降临，炉火星星点点，彻夜不灭，景象蔚为壮观。随着北宋王朝覆灭，耀州窑从辉煌的顶点迅速跌落。金元时期，耀州窑放弃了最具特点的刻花纹饰工艺，转而学习其他名窑的质朴简洁风。到了明清，耀州瓷已经泯然众人，早已没有设计和细节方面的用心，走向彻底没落，以至于清末民国时期成为文人感怀的古迹。

大都会博物馆还藏有一件见证耀州窑历史的珍贵文物。那便是耀州窑制碗模具和一个瓷碗坯胎（图 4）。我们可以发现，在耀州窑的鼎盛时期，已经采取固定刻花模具来大规模生产。大规模生产使耀州瓷器可以走入寻常百姓家。对百姓而言，瓷器是最常用的实用器物；对文人而言，瓷器附着了诸多的文化想象和精神寄托。瓷器，在中国绝不止于日用的一碗一盘。

▲ 图4 耀州窑制碗模具和一个瓷碗坯胎

画家皇帝的幸与不幸

元符三年（1100 年）正月，北宋王朝做出了一个重大历史抉择。当月年仅 25 岁的宋哲宗驾崩，无嗣继位。宰相章惇主张依礼，首立宋哲宗同母弟弟简王，次立长弟申王。宋神宗皇后向太后因为自己无子，神宗诸子都是庶子，且申王患有目疾，故而主张立宋哲宗次弟端王赵佶。朝堂之上爆发了争论，章惇罕见指出赵佶“轻佻不可以君天下”，向太后则借用宋神宗的话驳斥章惇：“先帝尝言：端王有福寿，且仁孝，当立。”最后，太后的意见占了上风，赵佶继位称帝。

日后《宋史》评价这场争论，说如果大家采纳章惇的意见，北宋就不至于亡国了！

元丰五年（1082 年），宋神宗驾临秘书省观看馆藏南唐后主李煜画像。李煜是一位角色错位的悲剧人物，以多愁善感的诗人之魂位居九五之尊的南唐国主，结果国灭受辱，遭毒害身亡。百年之后，李煜依旧“人物俨雅”，宋神宗“再三叹讶”。随后不久的十月十日，皇子赵佶便诞生了。儿子出生时宋神宗“梦李主来谒，所以文采风流，过李主百倍”。这个传说固然不足为信，但赵佶身上的确有李煜的影子。赵佶喜好游玩、钟情美物，对奇花异草、飞禽走兽兴趣浓厚。尤其是，他展露出了在书法、

绘画上的非凡天赋。后人公认，赵佶的书法成就远在李煜之上。

宋神宗并未觉得有何不妥。毕竟赵佶是个与皇位距离遥远的小儿子，毕竟当时繁荣富庶的汴梁城完全可以支撑一个承平皇子的艺术追求。况且，一个醉心艺术的皇子，总比一个飞扬跋扈、无所事事的纨绔子弟要好。赵佶自幼养尊处优、众星捧月，确如章惇所言，养成了轻佻浪荡的个性。可是，当这么一位思维天马行空、性情洒脱飘逸的青年艺术家，突然因机缘巧合而称帝，会给自己和国家带来什么样的境遇呢？

皇帝赵佶继续酷爱艺术，在位时将画家的地位提到有史以来的最高位置。他创建翰林书画院，亲临过问，给予画师优厚待遇；广泛收集历

图1 北宋徽宗《竹禽图卷》（局部）

代文物书画，启动卷帙浩繁的图书工程，出版了《宣和书谱》《宣和画谱》《宣和博古图》等著作。赵佶甚至将绘画列入科举考试，以“野水无人渡，孤舟尽日横”“嫩绿枝头红一点，恼人春色不须多”等诗句为题，选拔人才。在皇帝不遗余力的推动下，中国画得到了极大发展，宋画成了中国古典绘画的一大高峰。

在艺术上，赵佶一贯以身作则。他发明了“瘦金体”，典雅清秀的书法独具一格；他擅长花鸟画，作品细腻清秀又不失富贵。大都会博物馆所藏赵佶的作品《竹禽图》[1]，就是他清细富贵风格花鸟画的代表小品。此画横55.4cm，纵33.8cm。画面的右边寥寥几笔勾勒的崖石间伸出两枝翠竹，两只鸟儿一上一下，相对栖于竹枝之上。居下的鸟侧对观众，仰视上面的同伴。居上的鸟腹部正对观众，头向右侧，回望前者。两只小鸟四目相对，顾盼生情，构成画面的绝对主体。翠竹下面有一丛荆棘。画作中，竹草崖石写意，两只小鸟工笔，虚实相间，布局严谨，清淡中透着喜庆。

[1]《竹禽图》又名《翠竹双雀图》。有学者认为此画以及《瑞鹤图》等作品，虽然署名赵佶，但却是当时宫廷画师的代笔之作。

赵佶不是悲苦的艺术家，他用书画来歌颂盛世，用花鸟来衬托繁华。其传世的《桃鸠图》《瑞鹤图》《芙蓉锦鸡》《祥龙石图》等作品都和《竹禽图》一样，贯穿此种思路，渲染盛世风采。赵佶统治下的北宋王朝不断涌现“黄河清”“禽产凤凰”“牛生麒麟”等祥瑞，他自信大宋国势强盛，天下将和他的艺术成就一样蒸蒸日上。

《竹禽图》作品右侧有赵佶的签押并钤有“御画”印。画卷后有元代赵孟頫，明代朱㭎、项元汴，清代宋荦、张之万，近代张大千等人的鉴藏印。其中，赵孟頫是赵宋皇室后裔，题跋：“道君聪明，天纵其于绘事，尤极神妙。动植物无不曲尽其性，殆若天地生成，非人力所能及。此卷不用描墨，粉彩自然，宜为世宝。然从尔小禽蒙圣人所录，抑何幸耶。”（图2）此处的“道君”指赵佶。道君原本是道教中地位尊贵者，道教创始人老子升仙后成为太上老君，便属于道君级别的高位。赵佶尊信道教，大

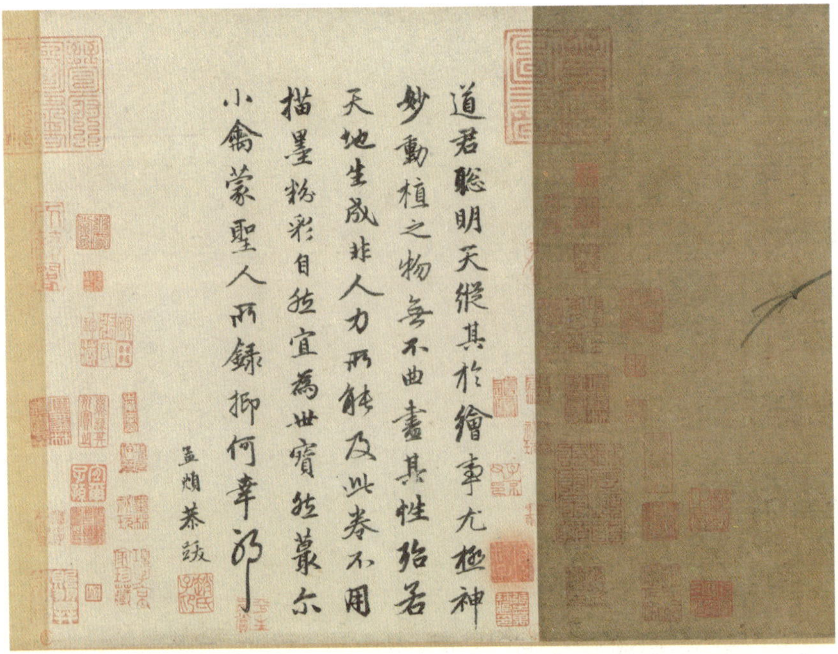

▲ 图2 北宋徽宗《竹禽图》卷（局部）

建宫观，自称“教主道君皇帝”，后世也以“道君”称之。赵孟頫对赵佶的画作虽有溢美，但并无过分夸张。

纸页上的赵佶，渲染山河，天下匹敌，那么现实中的赵佶又如何呢？

赵佶梦想将现实改造为艺术世界。北宋都城汴梁（今河南开封）一马平川，无山岭之秀。京城怎能无山？赵佶决定平地造山。从政和五年开始，名为“艮岳”的造山工程启动。艮岳突破了原有宫城、内城的限制，拆除城墙、住家，占地方圆十里，山高九十尺，弥漫在人造烟雾之中，宛若仙境。造山材料非常考究，赵佶钟爱太湖石等奇石，亲信朱勔掠到一块太湖石，高达四丈，为了运到汴梁，专门制造了一艘大船，光纤夫就征用数千人。途经之处，拆水门、毁桥梁、破城墙，扰民上千里。赵佶见石反而大喜，给朱勔加官晋爵，并将奇石命名为“神运昭功石”。上行下效，于是一船一船的奇花异草、怪石巨木，组成“花石纲”，从五湖四海汇聚到京城，不知靡费了多少资财。如今，我们在北京、承德的明清皇家园林中看到的太湖石等奇石，很大部分是宋亡之后，金军拆卸艮岳北运的石材。由此可见当年花石纲规模之大、数量之巨，足以“造福”数百年后的明清工匠。最终，艮岳在累累枯骨和堆堆金银之上，历时七年宣告完工，赵佶夸它集“天台、雁荡、凤凰、庐阜（诸山）之奇伟，二川、三峡、云梦之旷荡，四方之远且异，徒各擅其一美，未若此山并包罗列，又兼胜绝”（赵佶《艮岳记》），视若“杰作”。除了造山，赵佶类似的杰作还有：铸九鼎，建明堂，修方泽，立道观，大兴土木，封禅泰山。他又昧于识人，奸臣环绕，乘机巧立名目，搜刮民财。到赵佶统治后期，天灾人祸交加，“冬寒倒卧人更不收养，乞丐人倒卧街衢辇毂之下，十目所视，人所嗟恻”（宣和七年尚书省言），北宋大地俨然已是“冻死者枕藉”的人间地狱。

适度的享乐是个人的权利，但是建立在他人痛苦之上的享乐是罪孽。不脱离物质基础的艺术创作是需要鼓励的，但是在民不聊生的年代鼓吹艺术开拓就是犯罪。惩罚随即降临。靖康元年（1126 年）年底，金兵攻破汴梁。赵佶在城破之前匆忙禅位给儿子赵桓，一心只求摆脱自身困境，没有丝毫担当。城破后，赵佶父子两皇帝都成了阶下囚。靖康二年三月底，金军将赵佶父子，连同后妃、宗室、百官数千人，并掳掠教坊乐工、技艺百匠、州府地图、皇家仪仗、宫廷藏书、冠服礼器、天文仪表、珍宝赏玩等押送北方。据说，赵佶身处剧变相当淡然，对金银财宝遭掳掠毫不在乎，只是听到皇家藏书被抢才仰天长叹了几声。繁华的汴梁遭洗劫一空，北宋灭亡，史称“靖康之变”。

金朝封赵佶为“昏德公”，封赵桓为“重昏公”，视之为奴仆，极尽羞辱之能事。赵佶晚年与儿子赵桓一道被囚禁在黑龙江五国城的冰天雪地之中。金军将赵佶父子安置在枯井之中，让二人坐井观天。沦为亡国之君后，赵佶还在坚持创作。他的艺术风格退去了喜庆的祥瑞，归入了之前意想不到的悲苦之中。赵佶曾有一首感怀诗：

彻夜西风撼破扉，萧条孤馆一灯微。
家山回首三千里，目断天南无雁飞。

1135 年，赵佶死在五国城，享年 54 岁。他的一生，在艺术创作和推动艺术发展上都取得了耀眼的成就，却给国家和百姓带来了滔天灾难，断送了北宋王朝。七年后，金朝与南宋达成和议，赵佶的棺椁被迎回南宋安葬在绍兴永祐陵。南宋给赵佶上徽号为“宋徽宗”。《宋史》评价：“宋徽宗诸事皆能，独不能为君耳！”

南宋的政治宣传画

横亘在两宋之间的靖康之变，改变了无数人的命运。数以百万计的中原官民，仓皇南渡，颠沛流离在南方的江河湖海之间，艰难苟活于烽烟四起之地。繁华凋零，文化萧条，宋高宗赵构以九五之尊尚且东躲西藏，更毋庸说草芥之民了。这场变故对南方汉人最大的打击可能是精神层面的，它几乎击垮了人们的自信。人们闻金色变，正在丧失对国家存续的最后一点信心。

画家李唐（1066—1150），原籍河阳三城（今河南孟县），也夹杂在背井离乡的人群之中，随波逐流。他精于山水画和人物画，年轻时以卖画为生，宋徽宗时期一度有幸补入画院，捧过铁饭碗。谁料金兵攻陷汴梁，李唐在年过花甲之际，仓皇逃往临安（今杭州）。除了画笔，李唐无一技之长，只好重操旧业，在临安城卖画度日。而图画恰恰是乱世的奢侈品，李唐只能勉强维持生计。

绍兴十一年（1141 年）十一月，南宋与金朝达成《绍兴和议》，两国以淮水—大散关为界。和平重降南北，南宋开始逐步恢复国家建设。其中一个举措就是恢复画院，招揽旧人。李唐因二十年前的经历，在年近八十的风烛残年，出任画院待诏。宋高宗赵构并没有父亲宋徽宗那般

图1　南宋李唐《晋文公复国图卷》（局部）

对精进画艺的追求，他对画院的设想更为实际：绘画是宣扬朝廷复兴的工具，作品是鼓动民心士气的手段！于是，南宋画院一改宋徽宗时期的雍容富贵之风，鼓吹国家复兴。具体到李唐的任务，就是创作一幅政治宣传画。

收拾人心、重塑国家最好的切入点就是复国，而迄今为止最脍炙人口的复国题材则是晋文公重耳复国的故事。于是，李唐以晋文公复国为蓝本创作了一幅294cm×828cm的图卷，全图分为六段，描绘了晋文公重耳放逐在外十九年，终于归国即位的传奇经历。

重耳是春秋晋献公之子。公元前656年晋国内讧，重耳流亡于生母的祖国翟国避祸，从此开启了漫长的流亡之旅。重耳出奔时，狐偃、赵衰、魏犨、介子推、先轸等士人随行，大家组成了“流亡小分队”。重耳避祸翟国多年后，晋国发兵加害，重耳东逃卫国。卫国不纳。重耳继续向东投靠春秋首霸齐桓公。齐桓公热情款待，并将宗室女子齐姜许配给重耳。重耳在齐国萌生乐不思蜀之意，即便齐桓公死后齐国内乱，他也不愿意离齐另谋出路。齐姜深明大义，将丈夫灌醉后让流亡小分队装车出行。重耳一行第四站是曹国，曹共公接待潦草，还无礼偷看重耳的骈肋。重耳一行愤而转向宋国。

李唐的长卷，呈现的第一个场景就是重耳拜会宋襄公。宋襄公和客人于堂上席地端坐，相向而谈，气氛友好。堂前阶下，两对武士持矛对立；庭院中，帷帐环立，仆人牵引着骏马良驹鱼贯而入——这是宋襄公即将送给重耳的二十乘车马。在这个场景中，马匹描绘精美，骏马与人物内外呼应（图 1）。宋国有心援助重耳复国，无奈宋襄公新败，国家元气大伤，有心无力。宋襄公坦诚相告，重耳转向第五站：郑国。

长卷的第二个画面就是重耳访问郑国。然而，场景远谈不上隆重，甚至有些尴尬。重耳匆匆告别默然的郑文公，面容阴郁地登车离去，侍从步履慌忙，紧随其后。其中一个侍从还向后甩抛衣袖，难掩鄙视和愤怒之情。画外实情更为曲折：郑文公不礼遇重耳，大夫叔瞻便劝谏要么礼遇重耳，要么杀了重耳，以免日后万一重耳掌权导致两国交恶，对郑国不利。郑文公则采取第三种对策：冷淡地看重耳一行离去。

日后，晋文公重耳发兵灭亡了卫国、曹国，重围郑国，援助宋国对抗强敌，大体是根据自己流亡途中的遭遇而取舍。当然，这些小国处于大国夹缝之中，迟早会遭强国欺凌。而为什么遇难是他们，而不是其他国家，则多少和当年对重耳的态度有关。

重耳一路向南，来到了长江大国楚国。楚国占据了长江中游，骁勇好战，有逐鹿中原之心。楚成王以诸侯之礼，高规格接待了流亡公子重耳。这一幕是《晋文公复国图卷》的第三幅，也是色彩最丰富的一幕。招待飨宴好似君王凯旋：山石、树木、旌旗、云朵和车驾一道，滚滚前行，动感十足。楚成王赤裸裸地问重耳："公子若返晋国，将如何报答我国呢？"重耳回答："子女玉帛，国君从来不缺；羽毛齿革，本是楚国的特产。不知道晋国有什么可以报答您的？"楚成王逼问，总得有所报答。重耳便承诺："他日我若返回晋国，将来晋楚交兵，我退避三舍。"楚国大夫子玉闻言愤怒，要杀重耳。楚成王说："晋公子广而俭，文而有礼，随从都忠诚又有能力。我听说现在晋国内外交恶，逐渐衰落，将来君位难免不会是重耳的。天将兴之，谁能废之？违天必有大咎。"楚成王礼遇重耳。无奈，楚国距离晋国遥远，中间隔着中原诸国，加上秦穆公热情相邀重耳入秦，楚国就将流亡小分队礼送入秦。

秦穆公将五名宗室女子许配给重耳。第四幕描述五名年轻女子迎接重耳的场景，是长卷中最静谧美好的画面。五名女子中有原本许配给晋惠公太子圉的怀嬴。太子圉原本在秦国为人质，后偷逃回国。加之晋国先前对秦国的许诺没有实现，秦穆公大怒，转而迎请重耳。太子圉是重耳的侄子，重耳不打算接受怀嬴。大夫胥臣劝谏："您接受此女，便与秦国联姻，是为了复国大业，怎能拘泥于小礼小节而忘了大耻？"重耳于是接受了怀嬴。春秋早期，秦晋两国联姻频繁，结成了"秦晋之好"，后来成为中国人联姻的代名词。重耳倾向秦国，秦穆公也全力支持重耳复国。

不久晋国内乱，秦国发兵护送重耳归国争位。重耳渡黄河进入晋国之前，也许是担心今后不再被重用，也许是为了表明忠贞，跟随多年的狐偃向重耳敬献一块玉璧，同时请求重耳处罚自己过去犯下的过失。重耳将玉璧投入河中，高声说："所不与舅氏（狐偃是重耳的舅舅）同心

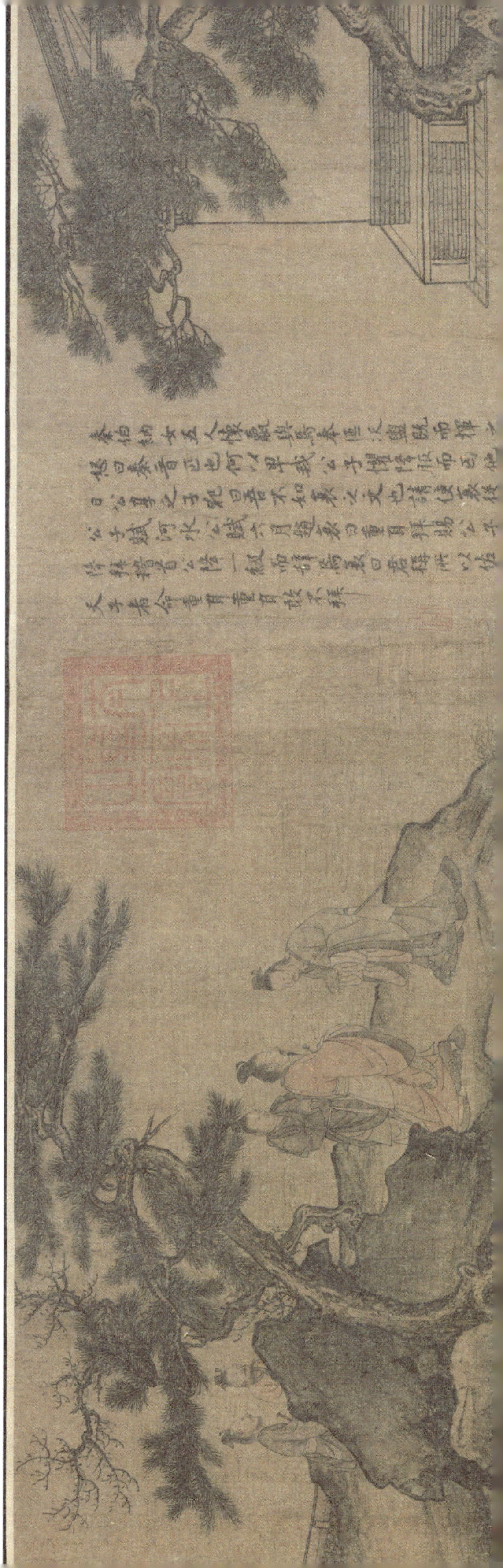

图2

者，有如白水。”（《左传·僖公二十四年》）在长卷中，一棵高耸的松树仿佛华盖，护卫在即将复国的重耳头顶，小分队成员敬立其旁，前面是滔滔江水，奔腾不息，仿佛见证这段波折艰难的复国之旅（图2）。

狐偃献玉一幕，激起了同样追随重耳多年的介子推的不满。流亡途中，小分队经常食不果腹。一次重耳等人都快饿晕过去了，介子推割下腿上的一块肉，与野菜一起煮成汤给他。重耳知道实情后，大为感动。复国后，重耳分封群臣，争功之风兴起。介子推不愿夸功争宠，携老母亲隐居绵山。重耳惦念介子推，征召其入朝。介子推避而不出。重耳放火焚山，以此逼迫介子推露面，不料倔强的介子推抱着母亲烧死在一棵大柳树下。重耳后悔万分，下令介子推死难之日臣民不许生火做饭，只能吃冷食，逐渐演变为“寒食节”。第二年，重耳登

◀ 图3

山祭奠，发现现场那棵大柳树死而复生，遂赐名“清明柳”，这一天又逐渐演化为“清明节”。

《晋文公复国图卷》长卷第六幅画面以大团圆结尾，描绘重耳成功掌权的场景（图3）。重耳神情肃穆，队仗尽显威严，前导持礼器，后卫持宝剑，君臣一行昂首阔步迈向朝堂。在这个典型的胜利场景中，车驾的牵引马匹，矮小得刚刚过膝，形象也远非健硕，初看令人诧异。画家李唐刻意将马匹的体量缩小，是想让观众注意人物，注意那志得意满、敬穆庄严的仪仗。这是画家最希望观众留意的胜利场面，是画作鼓舞人心的精华部分。

重耳在恰当的时间成为了逐渐崛起的晋国的国

君，在短时间内纵横捭阖，跻身“春秋五霸”行列，开创了晋国长达一个多世纪的霸业。晋文公之后的春秋，基本上是晋国和楚国两极对抗的格局。

重耳不畏艰难、愈挫愈勇，群臣勠力同心、共克时艰，最终缔造了晋国百年霸业。这对南宋初期的形势，有诸多的正向引导之处。民心涣散、百废待兴的南宋国土，需要的就是重耳复国的精神。李唐的《晋文公复国图卷》创作完成后，宋高宗赵构相当喜欢，在每幅换面的左边手书了《左传》中相关章节。赵构是宋朝位列前茅的书法家，他的题字为画卷增色不少。卷末还有乔篑成、石岩、吴宽等人的跋（图4）。

《晋文公复国图卷》是成功的政治宣传画。南宋没有现代传播渠道，画作的宣传效果有限，但相信看过此画的人都会对重耳复国的曲折经历感佩在心。李唐传世的另一幅“宣传画”《伯夷与叔齐》，描绘的是伯夷叔齐不食周粟，困居首阳山采薇而食的情景，宣传激励意味更为明显。《晋文公复国图卷》原本没有署名，因为它和《伯夷与叔齐》在人物和树木的表现上非常相似。而后者有李唐的题款，并且有元人的题跋。据此推断这两幅作品均出自李唐之手。

李唐经历了多个时代，既感受了北宋的繁荣昌盛，又亲历了靖康南渡的屈辱不堪，也目睹了南宋社会的迷茫徘徊，他给这个时代开出的药方就是自己的作品，是高尚的气节、坚忍的毅力和不屈的信念。

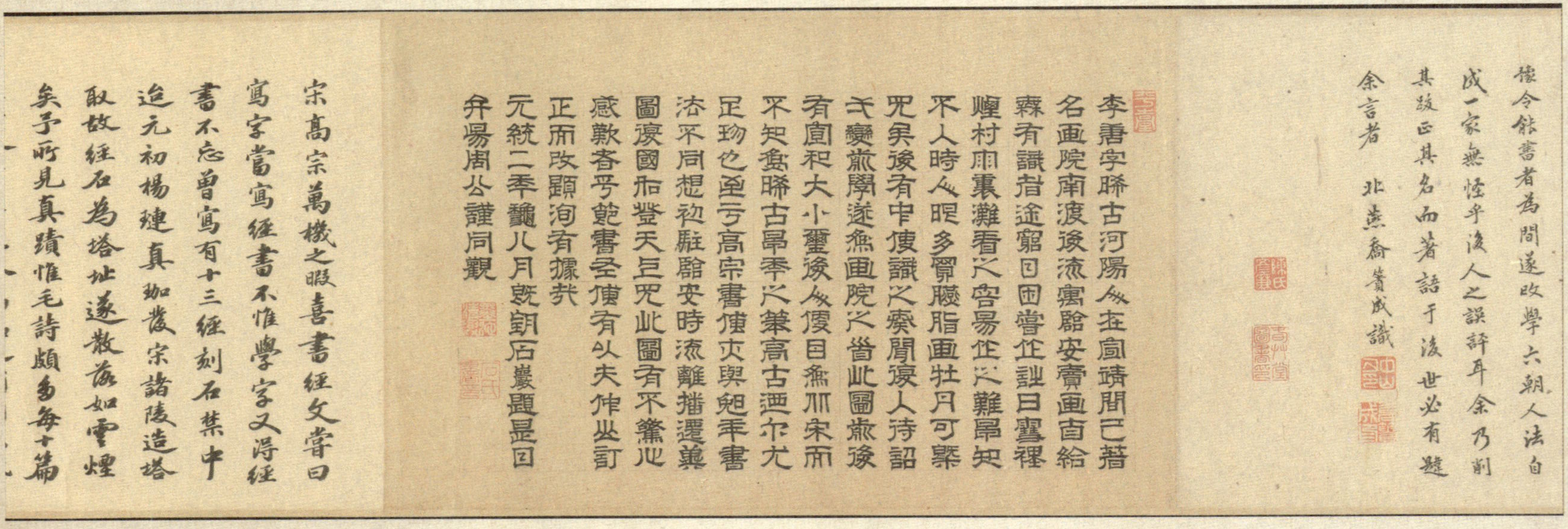

▲ 图4

第三章

天朝上国的气象

“中国”与“天下”的观念，是与现代外交规则和世界观念格格不入的。此种观念是在中国漫长历史进程中逐步形成、强化，根植于整个民族的思想；我们依然能在现实生活中看到追求天下大同、喜好万邦来朝的影子。

▲ 图1 清《黄河万里图卷》（局部1）

居中国，知天下

人类开始独立思考，便会发现这个世上的绝大多数问题都是没有标准答案的。任何所谓的“参考答案”都只是一家之言，而任何灌输的“标准答案”都将导向专制独裁之路。而人生首要的一大难题便是：如何认识我所处的世界？

古代中国的大小剧目，都是在一个相对封闭的地理区域内展开的。东方浩瀚的太平洋、西南和西面的青藏高原、中亚荒原和北方的蒙古高原是我们先民不可逾越的障碍。这一方大约一千万平方公里的土地，给予我们养分和灵感，就是中国历史与文化的舞台。我们投之以忠诚与依恋，热爱着这方热土。

地图是先民对这片土地认知的直观体现。古人把山川河流、关隘城池都一一具象化落在纸上，用现代地图绘制的标准衡量，它们的比例尺和真实性都差距很大，但却是先民眼中的世界。大都会博物馆藏有多幅中国古地图，其中清代《黄河万里图卷》堪称佼佼者。这是一幅宽78cm，长达1285cm的长卷。画作起笔于西北黄河源头，终于山东入海口。黄河九曲回环，南北青山绿水、支流湖泊都清晰可见，城市商埠散布其间。你说它是二维地图，又有立体山水质感；你说它是水墨山水画，又如实

罗列了黄河途经的地形和城市。观看地图，顿生江山壮丽、地域辽阔之感。

黄河是中华民族的母亲河，中国人发源于兹、生长于此。黄河流域长期是中国的中心，夏商周秦汉魏晋皆在此立国。可是随着生态环境的恶化，黄河日益泛滥成灾，历朝历代将大把大把的金银扔入水中。治理黄河，在很多朝代是一件大事。清人绘制此图，极可能是为治理黄河提供参照（图 2）。

随着中华民族的繁衍生息，古人的视野逐渐从黄河流域扩展到江淮、岭南、东北、西域诸地，建立了以黄河为中心的世界观。因为夏商周立于黄河流域，居四方之中，先民最初自称“中国”。当时的中国先民没有“国家”的概念，更没有“世界”概念，只有“天下”观念。根据地理环境和历史作用的显著不同，中国人的天下从东南向西北大致可以分为三个弧形地带。东南第一弧带北部以明代长城为标志，经山海关、燕山、张家口、大同，绕过毛乌素沙地南端，在兰州折向西南，经岷山、阿坝和雅安东界到红河，红河向东至十万大山入海。第一弧带季风气候明显，水热条件适中，自然条件优越，从唐宋至今在中国历史上起到关键的作用，是中国的主要经济区。辽河以北，蒙古高原，新疆地区和青藏高原组成

图2　清《黄河万里图卷》（局部2）

了中国历史的第三弧带。该弧带地域广阔，气候干旱，是游牧民族的天堂。中国重要的少数民族，如满族、藏族、维吾尔族、蒙古族和历史上的匈奴人、鲜卑人、突厥人、吐蕃人、契丹人、女真人等都活跃在第三弧带。在这两个区域之间的狭长地带，包括辽宁南部地区、长城沿线内蒙古地区、河西走廊，川西高原东部等组成了“天下”的第二弧带。第二弧带气候条件在第一、第三弧带之间，宜农宜牧，是历史上以汉族为主体的第一弧带与少数民族为主体的第三弧带反复拉锯的地区。

古代历史最浓墨重彩的剧目是围绕核心弧带，也就是第一弧带展开的。长城以南、南海以北这片区域的发展，主导着中国历史的发展，并通过战争和封贡等方式对第二、第三弧带产生了巨大的影响，进而演化出现代国家和中华民族。它又可以细分为关中、关东、西南与江南四大板块：

关中地区以泾渭平原为核心，农业发达，“西有羌中之利，北有戎翟之畜，畜牧为天下饶”。关中平原社会经济的发展与长达千年的建都史、中央政府的开发和关中地区曾经持续不断建设的水利工程有着密切的关系。加上气候温润，少有天灾，传统的耕作农业生产方式，使关中有稳定的农业收成可以支持上层建筑。

关中地势较高，攻守自如，主要通过函谷道和武关道等易守难攻的关隘逼视关东地区。关东包括淮河、汉水以北，明长城以南，黄河几字形东段、函谷关、崤山、武关以东的广大地区，地域辽阔，气候适中，土壤肥沃，利于耕战。关东地区是典型的“四战之地”，地势平坦，除长城、黄河外无险可守。北方的游牧民族、建国关中或江南的割据政权从来没有放弃过对关东的军事行动。好在关东地域辽阔、纵深宽广，可以征调规模巨大的兵员、物资，其庞大的战争和经济能力在相当长时间内起着历史发动机的作用。

天下的西南角，是核心弧带中海拔最高的地区。西南以巴蜀盆地为核心，气候湿润，水利丰富。它占据长江上游，虎视江南。古人有云，欲取江南者，必先取巴蜀。西南关隘密布，易守难攻。蜀道难，难于上青天。四川盆地东出巫山的三峡地区令现代交通工具都望而却步。这些道路穿行于河谷、峡谷之间，曲折漫长，是军事上的禁区。

江南是中国历史文化长卷中的明珠。江南水热优越、土壤肥沃，虽然开发较晚，但发展迅速，逐渐取代北方成为中国的经济中心。可惜，江南西边有居高临下的西南地区，北边有在军事上占据优势、时时倾向南侵的关东地区。江南地区在历史上处于守势。四大区域中，关中与关东组成了中国的北方，西南与江南组成了南方。南北的分界西起大散关，经过秦岭、大巴山、汉水、桐柏山、大别山区到淮河流域。这条中国地缘政治的分界线基本上与自然地理的南北分界线重合。

不管是江南的书生，还是燕赵的豪杰；无论是关中的贵戚，还是西南的流官，中国人无不认同天下观念。天圆地方，整个天下是以中国为中心展开的，其他国家都是“化外之国”“蛮荒之地”（文化意义），或者是可有可无的“蕞尔小国”（实力角度）。中央王朝占据着东亚最肥沃和广阔的领土，其他国家散布在中央王朝四周。不论是在地理上，还是在实力、文化上，中国都是东亚当之无愧的中心，是唯一的“超级大国”。中国在“天下”维持了几千年的超级大国地位。官修史书一概将周边各国各民族与中央王朝的友好往来事例记作“朝贡”。顾名思义，就是其他国家和民族都来朝拜中央王朝，向中央王朝贡献方物，所谓“万国来朝”。笼罩在“天下”之上的国际体系，冠名“朝贡体系”。朝贡体系伴随了古代东亚数千年，深刻影响了人们的世界观。

朝贡关系首先是鲜明的政治关系。其他国家进入朝贡体系，首先要接受中国的政治规则：进贡国要使用中国年号，奉行中国正朔。中国象征性地颁发中国历法，教谕皇帝年号。诸国对内统治及对外交往，都奉中国正朔，以中文为通商交流语言。中国朝廷的册封是他国统治合法性的来源。每逢王薨，新王在得到中国册封前不能称王，而称世子。进贡国诸侯要履行对华的臣子义务，在中国皇帝生日、娶妻、诞子等，都要上表庆祝问候，在重大政治问题、外交事务上更要唯中国马首是瞻。周边国家为什么自愿、积极地加入朝贡体系呢？从政治方面考虑，主要有两种思路。“各国进贡中国时多言：一些恃强凌弱的国家知道小国‘乃声教所被，输贡之地，庶不敢欺凌’。显然，各国请求中国的册封，是把中国当作它们的政治保护伞，同时，在稳定各国政局中也能起决定性的作用。”[1]简单说，一求御外，一为安内。

商贸往来、文教交流隐藏在朝贡往来之中。周边进贡方物，中国回赠物资。而进贡队伍和商队携带的货物，是半官方的公开贸易；中国的文化优势，又通过思想输出、留学求学、诗词唱和等在周边扎根生长。在朝贡体系中，与中国关系最密切的首推朝鲜。朝鲜和中国王朝维持关系的时间长达两千多年，态度恭顺，朝贡不绝。中国对朝鲜半岛的影响也极深。这从如今的《大长今》等韩剧中还能看到踪迹。为了抗日援朝，明朝曾两次倾尽全力出兵朝鲜半岛。朝鲜感激得很，明亡清兴后，朝鲜仍旧奉行明朝年号几十年，统治者们还暗中祭奠崇祯皇帝。另一个“模

[1] 谢必震：《明清士大夫与琉球》，载《福建师范大学学报》2002年第4期。

范朝贡国”琉球大致是今日的冲绳县。冲绳首府那霸的首里城公园入口处是一座中国式牌坊，悬挂有康熙赐之“守礼之邦”匾额，称“守礼门”。冲绳人敬之为“国宝”。琉球地区至今还遗留着许多汉文化的痕迹，包括庙宇、匾额、楹联、风俗等。朝贡体系中的文化交往，塑造了今人所称的“东亚儒家文化圈”。

遗憾的是，大都会博物馆没有收藏大尺寸的中国古地图，如《大明舆地图》《江山一统图卷》等。后者这些地图，绘制了天下州县、南北山河。不过，大都会博物馆藏有《明中国地图屏风》（图 3），是一道八帘屏风。可惜保存不佳，今天难以看清细节，只是笼统可见长城以南南海以北的十八省概况。

“中国”与“天下”的观念，已然深深根植于中国人的思维深处。此种观念虽与现代外交规则和世界观念有诸多不同之处，我们依然能在现实生活中看到追求天下大同、喜好万邦来朝的影子。

▲ 图3 明中国地图屏风

大礼议之争的证据

自三代到清朝，中国是“家天下”的中国。“家天下”的最大特点是以国为一家私产，皇位在家里世袭罔替。皇位传袭是为“国本”，是关系社稷国祚的根本大事。朝野内外，尤其是士大夫群体高度关注，舆情汹汹。“宗庙至重”，不可草率。

巧合的是，中国历史上多次出现了皇帝绝嗣，驾崩后无人继承皇位的难题。每一回引发的考经据典，无不是众目睽睽的审视，思想观念的更新；每一次掀起的暗潮汹涌，无不是政治力量的权衡，政治秩序的重构。其中掀起最大波澜，对历史的走向产生实质影响的，当数明朝“正德－嘉靖”的皇位传续。

正德十六年（1521 年），明武宗正德皇帝驾崩，因为无子，内阁首辅大学士杨廷和等大臣便开始依照“皇明祖训”寻找皇位继承者。正德皇帝又是独子、没有兄弟，便再向上推到他的父亲、明孝宗弘治皇帝，从弘治皇帝的兄弟中寻找合适的继承者。弘治皇帝最年长的弟弟是就藩湖北安陆的兴献王朱祐杬。朱祐杬便是正德皇帝最年长的叔叔，可惜他在两年前已经去世。于是，年仅 15 岁的朱祐杬长子、新任兴王朱厚熜就成了皇位候选人。简单说，这是一场堂弟继承堂兄家业的“兄终弟及”

▲ 图1 明慈孝献皇后之宝

事件。

朝廷迅速派人迎接朱厚熜进京，朱厚熜也非常愿意继承皇位。当年四月廿二，朱厚熜随迎驾队伍抵达京师，却止步郊外，不愿进城了。因何变故呢？因为双方在“朱厚熜以何种身份继位”这个看似礼节的问题上产生了根本分歧。

内阁首辅杨廷和、礼部尚书毛澄等大臣，议定朱厚熜以明孝宗皇太子的身份继位，要求朱厚熜由东华门入，入住太子居所文华殿，然后择日登基。此方案等于将朱厚熜过继给了伯伯明孝宗。而朱厚熜坚持以本来面目，即兴王的身份继承大统。此前，大学士杨廷和书写的明武宗遗诏表示:“朕皇考亲弟兴献王长子厚熜年已长成，贤明仁孝，伦序当立……嗣皇帝位，奉祀宗庙。”明武宗之母慈寿皇太后颁发的懿旨也说：“迎取兴献王长子厚熜来京，嗣皇帝位。”朱厚熜就抓住其中关键的“嗣皇帝位”四个字，认为遗诏召我嗣皇帝位，而不是先帝传位给皇子。朱厚熜年少气盛，停在京郊不愿入城。双方僵持不下。最后皇太后出面调停，群臣再上笺劝进，朱厚熜勉强于郊外受笺，从大明门入紫禁城登基，宣布“奉皇兄遗命入奉宗祧”，改年号为嘉靖（图 2，嘉靖年间景德镇制宫廷用碗）。朱厚熜就是嘉靖皇帝。

皇位已定，身份问题悬而未决。四月廿七，嘉靖皇帝下令群臣议定明武宗的谥号。这本是新皇帝对老皇帝的既定动作，但是嘉靖同时下令议定生父兴献王的主祀及封号。这便再次挑起了身份之争。以内阁首辅杨廷和为首的大臣引经据典，援引汉朝汉哀帝、宋朝宋英宗的先例，认为朱厚熜由小宗入继大宗，应该以明孝宗弘治皇帝为“皇考”，尊奉正统；改称生父兴献王为“皇叔考”、生母蒋氏“皇叔母”，祭祀时对亲生父母称“侄皇帝”。群臣还釜底抽薪，安排益王次子、朱厚熜的堂弟朱厚炫入继兴献王一系，为新一代兴王。大臣们态度鲜明、情绪激烈，毛澄等文武大臣六十余人将此议上奏皇帝，并声称朝臣中“有异议者即奸邪，当斩”。

僵持局面再次出现。嘉靖皇帝坚持以兴王的血脉承继大统，几次下

▲ 图2 嘉靖景德镇瓷碗

诏要加生父徽号。杨廷和等毫不客气地封还诏书，拒不执行。敏感时刻，朱厚熜生母蒋氏给君臣的战火“火上添薪”。朱厚熜事母至孝，继位三日后就派人回湖北兴王藩邸迎蒋氏到北京享福。蒋氏行至通州，得知争执与僵持详情后说：“安得以吾子为他人子！”（怎么能把我儿子当作别人的儿子！）蒋妃怄气，拒绝进京。朱厚熜肝肠寸断，哭诉扬言要退位，侍奉生母蒋氏返回湖北。皇帝要辞职，群臣大为惶恐。最后，皇太后再次出面调停，称蒋氏为“兴献后”，蒋氏才勉强入京。当年十月，朱厚熜坚持以皇太后礼仪迎蒋氏入宫。

这场由朱厚熜身份引发的、围绕其亲生父母名号展开的争论，史称“大礼议之争”。以内阁首辅杨廷和为首的群臣，坚持宗法制度，要求朱厚熜以明孝宗嗣子身份继位，称为“继嗣派”。而新科进士张璁为首的少数人支持皇帝，认为朱厚熜是继承皇统，而非继承皇嗣，所谓“继统不继嗣”，皇统不一定非得父子相授不可。况且，汉哀帝、宋英宗都是先预立为太子，养在宫中，事实上已经过继给了先帝，与朱厚熜情况不同。所以，张璁等少数人支持朱厚熜仍以生父为皇考，被称为“继统派”。两派党同伐异，撕裂了士大夫群体。朱厚熜自然对继统派大为支持，无奈此派人寡位卑，在大礼议之争中处于下风。

嘉靖三年（1524 年）正月，朱厚熜召集群臣再议尊号。内阁首辅杨廷和上疏请求致仕，以退为进，不想朱厚熜顺水推舟，准其致仕还乡。大臣们群情激奋，集体谏诤。吏部尚书乔宇等两百五十名文武官员、给事中张翀等三十二人、御史郑本公等三十一人，另有大儒、状元等如潮水般上疏反对以兴献王为皇考。朱厚熜恼羞成怒，对进言大臣不是斥责、罚俸就是罢黜。最后，继嗣派做出妥协，同意称朱厚熜亲生父母为皇帝、皇太后。嘉靖皇帝勉强同意，给生父上尊号为“本生皇考恭穆献皇帝”，称生母蒋氏为“本生母章圣皇太后”。“本生”二字只是承认了朱厚熜的生理上的父母，在宗法上他还是过继到了明孝宗名下，称明孝宗为“皇考”、张太后为“母后”。

如此妥协，并未真正解决问题。同年七月，嘉靖皇帝诏谕礼部，要为亲生父母上册文，祭告天地、宗庙、社稷。再一次点燃战火！这是皇帝才能享受的典礼，接诏后，群臣一片哗然。状元杨慎激励大家：“国家养士一百五十年，坚守节操大义而死，就在今日！”便有官员倡议大家仿效前朝大臣在紫禁城文华门前哭请的旧例，维护宗法礼仪，更有人出面号召群臣，最终组织了两百多位朝廷大臣在左顺门跪请皇帝收回成命。朱厚熜听闻宫外哭声震天，传谕群臣退朝。大臣们直到中午仍伏地不起，企图迫使皇帝退让。杨慎等人还撼门大哭，声震阙庭。朱厚熜震怒，令锦衣卫逮捕为首八人，下诏狱。此举火上浇油，更多的大臣冲到左顺门前，拍门大哭。朱厚熜龙庭震怒，干脆将五品以下官员一百三十四人抓捕刑讯，四品以上官员八十六人停职待罪。后来，锦衣卫请示如何处理在押大臣，朱厚熜下令四品以上官员停俸，五品以下官员当廷杖责。有十六名大臣廷杖而死，史称“左顺门之变”。

反对议礼的官员在杀威杖之下，终于缄口，持续三年的“大礼议之争”以朱厚熜的获胜告终。嘉靖三年七月，朱厚熜给生父上尊号“皇考恭穆献皇帝”，改称明孝宗为“皇伯考”、章圣皇太后为“皇伯母”。嘉靖十七年九月追尊生父庙号为“睿宗”（嘉靖二十七年干脆把神位供入太庙），十二月蒋太后卒，上谥号“慈孝贞顺仁敬诚康安天诞圣献皇后”。蒋氏就是“慈孝献皇后”。大都会博物馆藏有一方“慈孝贞顺仁敬诚康安天诞圣献皇后宝”，当是蒋太后逝世后追刻的宝印。印为青玉材质，印文尺寸14.6cm×14.3cm。这方古印是“大礼议之争”的重要证物，彰显着朱厚熜的最终胜利。他排除险难，实现了让亲生父母称帝称后的愿望。

大礼议之争并没有胜利者，它使年轻的嘉靖皇帝与庞大的士大夫群体形同陌路，渐行渐远。数千年的传统政治让士大夫群体形成了惯性思维和强大逻辑，敏感而慷慨，固执而强大。天下之主可变姓，官僚制度不变性。他们可憎又可爱，对皇权构成了潜在的制约。而年轻的朱厚熜就是一头闯进瓷器店的犀牛，同样敏感而冲动，同样固执而蛮干。结果两败俱伤，文官集团视朱厚熜为昏君，朱厚熜视文官为腐儒。朱厚熜执政中期以后日渐消沉，崇道迷信，好长生不老之术，长年累月封闭在深宫、不见朝政，相当程度缘于与士大夫群体的隔阂。明朝政治风气转向颓废。同时，大议礼之争让朱厚熜真切认识到皇权专制独裁的好处，意识到手中的权力几乎可以为所欲为。他虽然几十年不上朝，却通过加强专制，牢固地将权力掌握在手中。大礼议之争促成了明朝政治风气的转向，助推了明清皇权专职的强化，想必是杨廷和等“始作俑者”没有料到的。

大都会博物馆还藏有一方明熹宗之宝（图 3）。它是慈孝献皇后的五世孙、明熹宗朱由校死后追刻的宝印，印文为“熹宗达天阐道敦孝笃

图3　明熹宗之宝

友章文襄武靖穆庄勤悊皇帝宝”。明熹宗深得其四世祖、嘉靖皇帝朱厚熜的遗传，继续躲在深宫中，嗜好木匠，重用宦官而不用朝臣。可以说，大礼议之争影响波及此时。当时的大明王朝，离覆灭只有区区二十余年了。

▲ 明刘俊《纳谏图》

曲笔唤治世

《纳谏图》是一幅典型的宫廷画作，长166.4cm，宽106cm。全图用笔严谨，线条流畅，色彩鲜明，风格典雅。全画聚焦于中间气定神闲、端坐立屏之前的帝王身上，立屏两侧有全副武装、按剑警卫的重装武士，也有持器侍立、侧头轻语的便装随扈。帝王南向而坐，正看到两位大臣双手持笏、缓步向前有所建言；一旁另一名绿衣大臣疾步而来，似乎要抢先进言。帝王微微含笑，左手指绿衣大臣，好像在提醒他注意先来后到，又像是破例允许他发言。真的一派动静相宜、君臣相得的景象。

如果《纳谏图》的优点仅仅是画面内容，那么它的意义并没有超越一般的宫廷画。几百年后重新审视，《纳谏图》蕴藏着厚重的政治思想积淀，隐含了传统制度变迁的脉络。

政治制度设计的一大核心要义，是如何限制权力。君主制在诞生之初，如何防止君王胡作非为就成为政治思想的题中之义。站在历史长河中回望，中国古代君主集权的程度在螺旋式上升。制衡君权专制的因素，不是天下分裂连年战乱，就是天灾人祸遍地饥馑。制度本身对君权的制衡作用，是逐步后退的，终至退无可退。秦汉时期，君臣坐而论道，宰辅大臣出入议事厅堂，君王要起身迎送；到了清朝，君臣议事，皇帝还是坐着，只是端坐在了寝宫之内，军机大臣跪听圣训，盯紧皇帝好恶、躬身倒退而出。

中国传统政治的一大特征是道德色彩浓厚。道德因素，包括夫子教导、天理人情等，即便没有凌驾在制度之上，起码也与制度并驾齐驱，而且是排在前面的那个因素。传统政治对个人寄予了厚望，要求士大夫们清廉勤政、勇于任事，希望君主们爱民如子、坚定果敢。私心杂念、声色犬马都是不道德的，理应摒弃。君权的肆意作恶自然也不被允许。而防止的办法也是道德层面的，那就是君权的自我约束。

尧舜禹三代是道德政治的楷模。尧、舜二帝“设谏鼓、立谤木”，力求上下畅通，主动接受监督，被认为“治世之音”。后世的华表即源于此，本为供百姓刻写传情的立木。大禹统治颇为开明，集思广益，在门口悬钟、鼓、磬、铎、鞀等五种器具，“教寡人以道者击鼓，教寡人以义者击钟，教寡人以事者振铎，告寡人以忧者击磬，语寡人以狱讼者挥鞀”（《群书治要·鬻子》）。主动接受监督的人，不会是独裁的拥趸。在传统政治话语中，“三代之治”是复古的对象，是理想的治世。

士大夫孜孜以求的理想状态是君臣权利与义务分明，君待臣以礼，臣事君以忠。具体到行动上，君臣一纳一谏。大臣向君王畅所欲言，痛陈时弊，称为劝谏；君主宽容接纳，有则改之无则加勉，即所谓臣以进言为忠，君以纳谏为圣。在这个过程中，君王是关键，毕竟批评容易，接受批评难。

中国早期君主颇有古圣之风。他们在政治制度初稿中设计了谏官系统。谏官是劝谏天子过失之官，负责以正直之言提醒、启迪君主。在设计之初，谏官专门针对君主，只说坏话不唱赞歌。天子支付他们俸禄，留他们在身边，就是为了听取批评。《孔子家语》言："为人君而无谏臣则失正。"没有君主自甘骂名，因此谏官成了王朝的标配。

最早的谏官，相传为舜帝时的"纳言"。《尚书•孔氏传》说："纳言，喉舌之官，听下言纳于上，受上言宣于下。"舜通过纳言倾听下情。商朝的谏官是商汤王时的"司过之士"。顾名思义，司过专门负责纠正皇帝的过错。西汉朝廷的光禄勋，掌议论和劝谏，谏议大夫、议郎等都是谏官。东汉朝廷的侍中、中常侍等侍从官员，也负有劝谏得失的职责。

唐太宗李世民以勇于纳谏闻名，而大臣魏徵以敢于劝谏著名，君臣二人都名垂青史。魏徵死后，唐太宗叹息道："以铜为镜，可以正衣冠；以古为镜，可以见兴替；以人为镜，可以知得失。魏徵殁，朕亡一镜矣！"此言后来成为中国著名的历史名言之一。中国人相信，帝王虚心纳谏与王朝繁荣昌盛有密切关系，而一个亲近佞幸、排斥贤能的昏君的出现注定王朝大祸将至。后者从商纣王、隋炀帝等例子都能得出这个结论。

唐朝制度，皇帝和宰辅大臣议事，他人不得参与，而谏官例外，他们可以随从宰相列席。唐朝增置左、右拾遗与左、右补阙等谏官。大诗人杜甫就担任过左拾遗，可叹的是杜甫因为劝谏不称旨意而被排挤去职。皇帝突破限制，扩张权力的倾向，已然露出马脚。更有说服力的例子也许是唐中宗、唐睿宗时期的"斜封官"。按律，皇帝旨意没有宰辅的副署不能生效，可是很快就有皇帝绕开中书省、门下省直接任命的非正常现象。这些官员的任命状是斜封的，从侧门交付中书省办理，因此得名"斜封官"。皇帝的心虚与偷偷摸摸，反衬了皇权扩张的冲动。

唐太宗和魏徵的佳话，没能再现。宋朝改补阙为司谏，改拾遗为正言，设置谏院，作为劝谏皇帝的专责机构；设置御史台，专司监察官员，出现了“台谏并立”的局面。明朝将御史台改为都察院，下辖御史，负责监察百官；取消了谏院，设置六科给事中，负责上传下达，理论上有封驳谕旨的特权，但主要还是监督行政绩效，劝谏功能基本淡化。延至清朝，雍正皇帝连已经弱化的六科给事中都接受不了，将给事中划隶都察院。台谏合一，职能全部向下，监察百官兼督察绩效。雍正皇帝彻底摆脱了“烦人”的谏官。事实上，作为军机处、粘杆处等的发明者，雍正皇帝勤政且自负，以集权推动改革，自然不需要制约自己的专门机构了。雍正的儿子乾隆，在听翰林文士的经筵日讲，老师讲完后自己发表长篇大论，讲得比老师时间还长，对文人们耳提面命，末了还要军机大臣承认：“皇上发圣人绝学，通古今之变，真乃千古明君，臣等敬佩莫名。”这样的“千古明君”，自然也不需要谏官。

明清时代是皇权越线膨胀，谏官系统从边缘化走向消亡的时期。君臣日渐缺乏沟通的空间，朝堂之上越来越不宽容。儒家士大夫对皇帝的制衡能力有限，开始怀念过去的理想时期。明清朝野对“三代之治”的频繁提及，正是这种情绪的反映。诞生于明朝的《纳谏图》，画面洋溢着理想主义色彩，且不说代表气节的松柏、象征富贵繁荣的牡丹，就连警卫武士都沉稳安详、气色超人，无不喻示着一个明君盛世。

画家刘俊，生卒不详，后人只知道他曾在锦衣卫任职，但主要供奉宫廷作画。明朝的宫廷画家地位较低，惩罚却相当严厉。画家赵原画历代功臣像应对失旨，被赐死；画家盛著因描绘水母乘龙背，不称旨而弃市被斩。为了避免“失旨”或“不称旨”，画家们不得不揣摩君心，画风拘谨，缺乏新意。刘俊的作品，在布局和技法上都中规中矩，无甚创新。宫廷画家们能做的，就是确保安全之后，在内容上隐藏春秋笔法，委婉曲折地表达自己的内心。《纳谏图》便是一个例子。刘俊其他传世的作品，比如《雪夜访普图》和《周敦颐赏莲图》也循着这个思路。两者都是“安全题材”，前者是描绘了宋太祖夜访赵普商谈治国之道，后者则是北宋哲学家周敦颐端坐莲塘畔观荷，清风拂面，我心淡然。

明代士大夫有犯颜直谏之心，舍生取义之志，奈何没有进言之途。刘俊便只好在《纳谏图》中呼唤一个君臣融洽的理想治世。

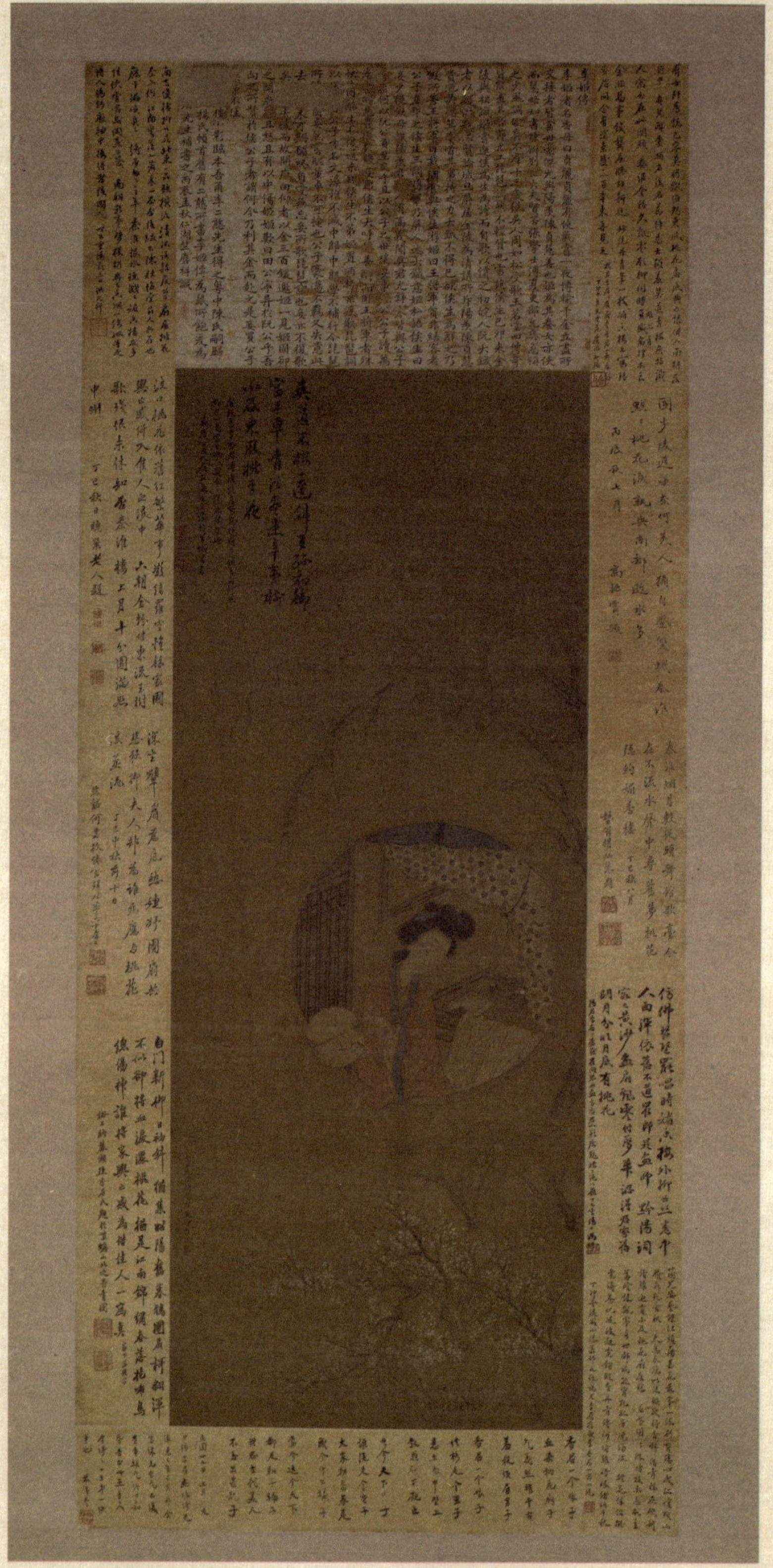

▲ 清《李香君小影》轴

妓女的气节

传统文人与青楼妓女有扯不清的联系。与现代人理解不同的是，古代书生光顾青楼欢场更主要是出于精神需求。同样，古代名妓绝非搔首弄姿之辈，而是文雅、有内涵之人。书生在青楼名妓身上寄托了对生活的美好想象，灌注了本群体的价值标准。从苏小小、绿珠，到李师师等历代名妓，无不是才胜于貌，精神气节令人肃然起敬的女中豪杰。

“湖山此地曾埋玉，花月其人可铸金。”文人咏叹、书画历代名妓的作品很多，留存众多。大都会博物馆藏有清代《李香君小影》轴，是这股风潮的一幅代表作品。

《李香君小影》宽 52.4cm，长 124.5cm。画面在中部偏右处有一个拱月圆形窗户，一位面容清秀、神态沉静、长颈削肩的年轻美女倚靠窗口，望向窗外。她就是明朝末年“秦淮八艳”之首、一代名妓李香君。李香君左手持一小扇，伸向窗外。扇面画有数枝桃花，眼光所向处是一簇盛开的桃花，隐喻着一段美好的爱情。窗内书桌上摊开一本书，室内陈设清雅精致，透露出李香君文雅之气，绝非等闲女子。《板桥杂记》载李香君“身躯短小，肤理玉色，慧俊宛转，调笑无双”，这幅小影刻画出了这一特点。李香君整体反映了清瘦轻佻的时代审美，气质静谧美好，又透着一股沉稳坚毅。

全画在窗口之上有一枝横柳，窗前有桃花草木，其余大部分留白。画作诞生之后，不断有文人在画作上题跋咏叹。最为醒目者是左上角的题诗：

> 夹道朱楼一径斜，王孙初御富平车。
> 清溪尽是辛夷树，不及东风桃李花。

作者描述追求李香君的富贵王孙很多。清清溪流边种满芬芳馥郁的辛夷树，终究比不上李香君宛若东风中桃李花开的芳姿。这首诗和桃花扇一样，描绘的是明末动荡大时代中一段波折感人的爱情故事。

明末，李香君与陈圆圆、董小宛、柳如是等并称“秦淮八艳”。她歌喉圆润，但不轻易歌唱；丝竹诗词无一不通，也不轻易示人。可是，懂她的人还是走进了她的心灵。崇祯十二年（1639年），复社骨干、明末“四公子”之一的书生侯方域见识了一幅《寒江晓泛图》，冬雪弥漫的清江之上，一叶孤舟漂荡在天苍苍水茫茫之中。侯方域以为是名家作品，得知是十六岁的李香君所作后大为赞赏，因艺生情，不顾家世、身份的巨大差距要和她在一起。李香君也与他一见钟情。可是，像李香君这样的秦淮头牌，侯方域需要付出重金才能与李香君在一起，可惜他没有这个财力。友人杨龙友资助侯方域，完成了李香君的“梳拢”[1]仪式，两人开始生活在一起。

俗套的是，美妙的姻缘不会无缘无故地从天而降。问题就出在梳拢重金上。原来，阉宦余党阮大铖为士林所不容，得知侯李之情后，拿出

[1] 旧时妓女第一次接客后发型由编辫转为梳髻，称“梳拢”。

重金暗托杨龙友帮助侯方域，以为笼络之计。侯方域犹豫在重金和气节之间，李香君察觉实情后，言辞相劝，变卖首饰，并四下借贷，凑钱退回重金。阮大铖怀恨在心。

乱世呼啸而来，崇祯自缢殉国，弘光皇帝在南京即位，起用阮大铖。后者趁机陷害侯方域，迫其北上抗清。侯公子去后，李香君卸下奢华，闭门谢客，专心等待爱人归来。阮大铖却怂恿弘光朝大红人田仰迎娶李香君做妾。李香君坚决不从，面对田仰苦苦相逼，一头撞在栏杆之上，血溅于侯方域相赠的扇子上。逼婚者这才作罢。杨龙友感佩异常，就着血点画了一扇桃花。“桃花扇”遂成爱情标志物。

阮大铖不肯放过李香君，待李香君伤愈后又打着圣谕的幌子，征她入宫充当歌伎。李香君无法抗拒，又日夜思念侯公子。无奈前方战事正酣，音讯断绝，李香君一弱女子，孤苦无依，只能怀抱鲜血画成的桃花扇，遗憾入宫。如此荒唐的南明朝廷，怎能团结南方半壁对抗清军？很快，清兵攻占扬州，侯方域不知所终；弘光皇帝闻风而逃，南京不攻自破。城破之时，李香君随乱四处逃窜，躲避烧杀抢掠的乱兵。侯方域于扬州沦陷后脱身南逃，也于南京城破当日夜里赶来寻找李香君。两人一度都在初见的青楼附近遥望熊熊烈焰中的楼宇，无奈苍天弄人，偏偏没让两人相遇。

大变乱时代的爱情故事往往不能圆满收场。入清之后，侯方域、李香君的结局众说纷纭，流传最广的版本是，侯方域找到李香君，一同返回商丘老家。李香君隐瞒了青楼身份，在侯府生活了八年。这八年应该是侯方域、李香君最幸福的时光。可惜公公知道李香君的过去后，完全接受不了这个儿媳妇。因出身低贱，李香君被迫迁居郊区庄园，抑郁病亡，享年三十岁。另一个版本是，侯方域在栖霞山道庵中找到李香君，在道士点醒下两人双双出家。

李香君虽然是秦淮头牌，但是在传世公文中没有点滴记载，后人无从判断各个版本的真伪。侯方域作为著名文人，留下了诸多记录。入清后，侯方域抵不住功名诱惑，参加了顺治八年的乡试。时人讥讽他："两朝应举侯公子，忍对桃花说李香。"顺治二年，侯方域在老家为镇压农民军的清军积极出谋划策，献计扒开黄河大堤，将中原许多州县化为无人区，成功镇压了号称百万之众的农民军。事后，朝廷对扒开黄河滥杀无辜一事讳莫如深，并未给予侯方域任何嘉奖。顺治十一年，侯方域郁闷在胸，染病身亡。不客气地说，侯方域晚节有亏，远不如爱人的刚正坚毅。

在秦淮八艳中，不论是样貌还是才气，李香君都排不上首位，却是名声最盛的一位。她战胜董小宛、陈圆圆、柳如是等人，高居秦淮八艳榜首，个中缘由，在于气节秉性。文人唱咏她、画家描绘她，也重在气节。在传世的诸多作品中，清朝大戏剧家孔尚任创作的以李香君为主角的《桃花扇》最为著名。

大都会博物馆所藏《李香君小影》，是清朝诸多以李香君为主角的作品之一。创作者是岭南画家崔鹤，创作时年仅 17 岁。作品完成后，题跋的文人墨客众多，收藏者将这些题跋与画作拼合起来，四周接齐，反复装裱，使作品尺寸不断扩大。从中，我们也看到作品的流传情况。

画作原身左上角的题诗，当是最早的题跋。作品完成的当月，广州"石渔居士"就在此画左上角书写了侯方域赠给李香君的题扇诗。之后，宁波人李二憨购得此画，抄写了一份《李姬传》。该传被裱在画作的正上方，因为保管不善，书法作品遭老鼠啮咬，如今可见内容截止到李香君拒绝田仰逼婚为止。李二憨因此弃藏，转手卖给宁波商人杨季眉。当时已经是民国初期（1916 年）了。杨季眉得画后作跋，请竺麐祥修复李二憨所书但已严重损毁的《李姬传》，再请高振霄题诗，又请陈康瑞、胡炳藻、何其玫、洪允详、冯秆等人作跋，数年后还请范赓治、淇园小隐葉郇氏作跋。1934年，民国达人林语堂在杨季眉处看到了李香君形象，爱不释手，斥资购买。林语堂也题跋一首，可惜内容和书法水平都不敢恭维。所有题跋文字中，值得注意的是《李姬传》经过修复，仍然存在残缺，还能看到两种楷体共存的现象，即李二憨之原书与竺麐祥之补书。

每个青楼女子都有值得同情的遭遇。我们无权苛求她们担当天下大义，无权用士大夫阶层的标准来衡量她们。然而，妓女用毕生来坚持道德大义，士大夫则常常懦弱退缩，逃避责任者有之，改换门庭者有之。正义每多青楼妓，英雄皆是屠狗辈。多少读书人需要汗颜，值得警醒。创作充满气节的名妓的书画和诗文，是他们的自我期许和激励，是对本阶层败类的谴责与掩饰，也是通过歌颂名妓来重申读书人的气节操守。

这类作品中，创作者往往对主人公多有修饰。比如，文人盛传李香君本姓吴，其父原是朝廷命官，因系东林党成员遭阉党迫害后家道败落，漂泊落难至青楼。李香君如果本是忠良之后，后人很自然推导出她的气节操守植根于士大夫的基因。又比如，李香君的养母李贞丽仗义豪爽，所以青楼客人大多是文人雅士和忠直之臣。李香君浸染在忠直之气中。总之，士大夫梦想验证李香君的诞生是士大夫精神的杰作。

不论文人的文饰是不是事实，士大夫深深敬佩李香君的气节操守，而这恰恰是他们不一定具备的。

▲ 图1 《乾隆头等侍卫占音保像》

朝廷的功臣

大都会博物馆藏有《乾隆头等侍卫占音保像》（立轴，绢本设色，188.6cm×95.1cm）。这位名为呼尔查巴图鲁·占音保的清朝武士，默默伫立在画中，传递着有关清朝武器装备、乾隆朝历史的丰富讯息。

占音保像初看即与中国传统工笔人物画不同，它中西融合，画法是西洋的，意境是中式的；人脸是西洋油画的，其他的是中国工笔。

全画以接近真人大小的比例，细腻写实地将占音保威武精悍的姿态栩栩如生地呈现了出来。观者可见占音保四十岁开外，脸形瘦长，毫无赘肉，肤色偏暗，抬头纹严重。他在画作中笔直肃立，紧闭双唇，肌肉紧绷，神情肃穆，左手持弓右手按箭，保持警惕状态，仿佛随时准备投入新的战斗。占音保的那双眼睛，尤其令人印象深刻。那是一双神采奕奕的、鹰一般的眼睛。点睛之笔，将一位久经沙场的武士的自信、沉稳、果敢都提炼了出来。

一把青绿色佩刀，横在占音保的腰间。那是八九十厘米长的高级军官佩刀，刀柄例用缠绳，配染绿鲛鱼皮鞘。头等侍卫官居三品，占音保佩此刀可能是画家根据制度创作而成。清朝的制式刀具，可算是中国古代刀具制造业的巅峰杰作。清刀一般是双血槽，刀口两寸处向上反开刀刃，杀伤力因此增强。制刀的钢铁合金经数十道工序锤炼，富有韧性和强度，切削性良好，据说皇太极征讨朝鲜时，清军的佩刀常常把朝鲜士兵的佩刀拦腰砍断。刀具的亮点是佩带方法：占音保采用向后佩刀方式。在清朝之前，中国人习惯于左侧向前佩刀，刀柄朝前，便于右手从前拔刀。清朝官兵改为左侧向后佩刀，正如占音保所示。这是因为满族人本是马背民族，习惯于马上驰骋时右手从腰后抽刀。画像所示，正是清朝骑射风气的一个例证，占音保画像虽未骑马，但多处细节暗示他是骑兵。他所持大弓以及弓囊箭壶都是骑射所用款式——清朝步卒已经不用大弓长箭，再配合佩刀方式，全副武装都是优先适配骑射状态的。

我们大胆推断，占音保是一位骑术高超、擅长射箭及白刃近战格斗的武士。中国古代战争，经历了从车战为主到步卒冲锋为主，再到骑兵称王称霸的发展历程；古代兵器也经历了从以戈为主到步兵长矛为主，最后到以长槊弓箭为主的发展过程。明朝后期开始，战争演变为正面以大炮轰击为主，骑兵从侧翼突击的作战格局。占音保所代表的骑兵，正是明清主战兵种。

占音保像的另一个亮点是甲胄。他穿着一件暗绿色棉衣，密密麻麻的针脚留下了一道道清晰的条纹。这或许与人们印象中铠甲钢盔的古代武士装束不同。棉衣能起到防护作用吗？事实上，随着火器的发达，铠甲的防护作用日渐降低，纯粹就成了摆设。钢铁铠甲在清朝前期就逐渐退出了历史舞台，只有在阅兵典礼上还穿戴使用。战斗时，清朝官兵一般穿棉甲而非铠甲。棉甲以纺织品制成，分为甲身、甲袖、甲裙三大部分，另有小臂、小腿护套等配件。棉甲往往内衬薄铁片，外用显眼的甲钉固定。甲钉由铜、铁制成，硕大者称为甲泡。棉甲用材轻软，较铁甲行动自如，而防护功能并不差于铁甲。棉甲沾湿后还可以抵御一般火器的射击。大

▲ 图2 清代甲胄

都会博物馆藏有多具清朝甲胄，应该是从紫禁城流散出去的禁军装备（图2）。从图 2 的清代甲胄可以看出，清代禁军的正装就已经是棉甲了。

追根溯源，棉甲是受蒙古骑兵的影响。为了长途奔袭，蒙古骑兵尽可能减轻负重，加之蒙古高原缺少铁矿，因此大量装备棉甲。使用后发现棉甲不仅防护功能不弱，还有保暖的意外效果，逐渐推广普及，并为明朝所继承。嘉靖年间，明军开始用棉甲替换笨重的铁甲。大都会博物馆还藏有骑兵的人、马全副甲胄（图 3），向后人复原了最后的中国重装骑兵形象。当然，因为是禁军装备，难免展示效果过多，真正作战时应该更倾向使用占音保的装束。

占音保画像存在几处“瑕疵”。首先，占音保的颈部中间出现了细长的空白。其次，占音保的手部细节和皮肤处理，远远不如脸部细致、出彩。考虑到脸部鲜明的西方油画特点，我们有理由相信，占音保画像并不是“某一位”画家的作品，而是多人合作的“集体成果”。一位画家完成了脸部，

▶ 图3 清骑马盔甲

另外的一位或多位画家完成了其他部分，所以出现了细节不衔接和风格的迥异。

之所以出现此种情况，是因为画家们接到的任务不是绘制一幅作品，而是数十上百的人物像。而每一位绘画对象能够抽出来做模特的时间，都非常有限。画家们必须通力合作，完成这项浩大工程。

我们从占音保画像的上方能看出这一层重要内容来。上方有满文和汉文题赞。汉文断句后是："头等侍卫呼尔查巴图鲁·占音保，赤手长鲸，阵俘卫诺。贼级累累，注之一槊。捧檄辟展，达巴里坤。马不刷鬣，还报军门。乾隆庚辰春臣刘统勲、臣刘纶、臣于敏中奉勅恭赞。"大臣刘统勲等三人撰文称赞占音保英勇杀敌，斩获俘虏众多，还长途传檄巴里坤（在今新疆哈密），功勋卓著。这说的是乾隆朝清军平定新疆的战役情形。

1755年，经过康熙、雍正、乾隆三代人的努力，清朝历经与准噶尔、大小和卓的浴血奋战，终于彻底平定西域新疆。国家一统大定，官兵高歌凯旋。乾隆皇帝决定重奖功臣。而最高的奖赏，莫过于绘像彪炳史册。这是中国历史的传统。

西汉甘露三年（公元前51年），汉宣帝因匈奴归降大汉，追忆功臣，令人画霍光、苏武等十一人图像于麒麟阁以示纪念，史称"麒麟阁十一功臣"。汉宣帝首开功臣绘像褒奖的先河。此后，东汉绘"云台二十八将"，奖励开国元勋，诗家有云"汉家君臣欢宴终，高议云台论战功"；唐朝则绘"凌烟阁二十四功臣"，列长孙无忌、魏徵、房玄龄、秦叔宝等开国功臣。明太祖特设"功臣阁"，绘制徐达、常遇春等开国功臣像。古人有"功成画麟阁""谁家麟阁上"等诗句流传，以绘像上阁为人臣的莫大荣誉。

乾隆皇帝延续此项传统："上嘉在事诸臣之绩，因葺新斯阁，图功臣大学士忠勇公傅恒、定边将军一等武毅谋勇公户部尚书兆惠以下一百人于阁内。五十人亲为之赞，徐皆命儒臣拟撰。”首批“平定西域准回部”一共有一百人，分前后功臣各五十，前五十人的画像由乾隆御题赞文，后五十人的画像（占音保在其内）由大臣撰文称赞。明清时期惯常在紫禁城西边的中南海阅兵演武。皇帝会选择一处视野开阔的平台观看射箭比武，清朝也在此台殿试武进士、检阅侍卫大臣，后来废台建阁，取名“紫光阁”。乾隆便将这一百幅功臣画像悬于紫光阁。占音保便是第一批入住紫光阁的功臣之一。

此例一开，乾隆便一发不可收拾。他在位期间，多次征讨边疆，客观上维护了国家统一，主观上夸耀所谓“十全武功”。自平定西域后每次军队凯旋，乾隆都下令为功臣绘制画像，悬挂在中南海紫光阁内，计有：“平定大小金川”前后功臣各五十（前五十幅仍为乾隆御题），“平定台湾”五十功臣，“平定廓尔喀”功臣三十人，总计二百八十幅。这些画像均为立轴，上部为满汉双文题赞，下部绘功臣图像。占音保想来并不“孤单”，与两百多位同僚列像紫光阁数百年，直至 1901 年八国联军打进北京城。八国联军的司令部就设在紫光阁，功臣画像被以德国士兵为主的侵略者抢掠一空。占音保和同僚们星散世界各地。

现在所知，紫光阁功臣画像传世的有 30 幅左右，占音保常驻美国纽约，而留在国内的只有他的两位同僚。

第四章

斜阳下的紫禁城

康熙皇帝和乾隆皇帝，智商与情商都在中人之上，难能可贵的是两人都是工作狂，全副身心地投在皇权的金光大业上，锻造了中国古代最后的“盛世”。这是大清朝廷的幸运，却是老百姓的不幸。不承想，外部世界正飞速变化，汹涌扑向国门而来。

图1　《雍正皇帝朝服像》

独裁者，或盛世明君

中国历史上最苦最累的职业，莫过于专制君主。一旦黄袍加身，便天下重担挑于一身，夙夜不休，终生难卸。专制独裁的程度越高，皇帝的责任越重，工作压力越大。所以，皇帝不好当，龙椅不好坐。历史上的明君，不是每天只睡两三个时辰的工作狂，就是责任心极重、自制力极强的非常人。

大都会博物馆藏有多幅帝王画像，其中有清朝《雍正皇帝朝服像》(181.6cm×105.7cm)。画面上，雍正皇帝爱新觉罗·胤禛着冬装蟒袍，端坐在太师椅上，服饰华丽、布景富贵，正如其他皇帝的标准照一样。不同的是雍正皇帝的神态，并无其他帝王的沉稳泰然，也没有想象中的威严凶狠。老年雍正眉眼低垂，目光阴郁，精神状态欠佳。因为，沉重的工作压得他喘不过气来，严酷的现实迫使他日思夜想，永无宁日。在雍正时代，皇权已然吸收先前的专制因素，集权到了相当的程度；雍正又“自加压力”，为君主专制和中央集权体制添砖加瓦，自诩“以勤先天下”“朝乾夕惕”。他在中国最后一个传统盛世“康乾盛世”中扮演承上启下的重要角色，应该获得更多的关注。

雍正皇帝的历史名声、执政时间都在其父康熙、其子乾隆之下，但他在位时动作频频：改革政制、整顿财政、刷新吏治、改土归流等，勤于政事，政绩显著，为清朝的极盛打下了扎实基础。

雍正勇于任事，明知山有虎偏向虎山行，即位不到一个月就全面清理钱粮亏空。与父皇康熙判断钱粮亏空主要因公导致不同，雍正认为亏空的主因是官员贪腐，从此开启了长达十数年的“反腐肃贪”道路。雍正朝严禁苛派百姓，限期官员完结亏空，否则从重治罪。明清惯例，官吏征收钱粮，往往借口碎银熔铸有折耗，加收“火耗”“耗羡”等名目。因为不在法定正额之内，官员任意加派，从中侵贪，一两正税加收低自数钱高达数两的火耗。雍正连这通行几百年的惯例都敢下手，严令州县将加派的火耗提解到省里，除公用外，再拨给基层官员，称为“养廉”。史称“耗羡归公”，补贴官俸不足，形成“养廉银制度”。

雍正的经济政策不局限于“破”，更重“立”。几千年来，中国的田亩正税都按照人丁、地亩双重标准征收。雍正元年，胤禛下令将丁银摊入田赋一并征收，征税更加简便，标准更加公平，无地、少地之人负担大减。几千年来，百姓要当差服役，官绅不必当差交税。雍正冒天下之大不韪，强力推行“官绅一体当差一体纳粮”，将兵役和徭役派向官绅阶层。

上述种种政策方针，无一不是逆水而动，推行难度极大。胤禛恰好喜欢迎难而上。父皇康熙晚年多一事不如少一事，雍正则反对因循守旧，治吏毫不手软，凡亏空钱粮者一律革职，并勒令归还；凡贪污勒索者一律抄家，罚没家产赔偿亏空。雍正认为，经济犯罪的根源在于官员贪利。而官员贪财好利的目的，是为子孙和亲属聚敛财富，创造更好的生活。因此，对贪官及其家属要痛下杀手，从根子上遏制官员贪腐的念头。“朕若不加惩治，仍容此等贪官污吏拥厚资以长子孙，则将来天下有司皆以侵课纳贿为得计，其流弊何所底止。”他制定了“追赔”制度，要把贪官“追到水尽山穷处，毕竟叫他子孙做个穷人，方符朕意”。之前的朝代也存在勒令贪官及其家属赔偿损失的做法，但未形成固定制度。雍正把追赔作为一项制度，贯彻下去。追赔制度，使清朝的贪腐案件做到了“惩治有律例，追赃无穷期”。追赔内涵丰富，包括抄没家产罚入官库、勒令相关官员分担赔偿责任等，而其中主要、也最令人深刻的，就是子子孙孙都要承担祖辈贪腐的赔偿责任。雍正元年规定，亏空之官，查其子有出仕者，解任发追，赔补完亏空款项才能恢复官职。一些官宦人家，几代人都套在处罚赔补的处分之中。追赔制度真正做到了严惩和警诫的立法目的。经过多年努力，雍正基本填平了康熙朝遗留的财政亏空。大小官员在反腐的严法与声势威慑之下，轻易不敢以身试法。

清宫有“四大谜案”，分别是顺治出家之谜、雍正继位之谜、雍正猝死之谜、乾隆身世之谜。雍正一人有二，独占“半壁江山”。继位之谜无须多驳。康熙末年，诸位皇子争嗣，胤禛并非热门人选，却在康熙驾崩之际匆忙继位。社会流传胤禛篡改康熙遗诏“十”为“于”，变“传位十四皇子”为“传位于四皇子”，阴谋继位。现存辽宁省档案馆的康熙遗诏是满汉双语对照，且“于”字为繁体字，改字一说完全不能成立。又有人质疑遗诏并非康熙手迹，而是雍正炮制，不足为凭。然而，遗诏哪能是皇帝临死前书写？惯例由嗣君书写。所以，依据遗诏不能否定雍正继位的合法性。在挖掘到确凿证据之前，胤禛继位合法性不能驳倒。

倒是雍正猝死之谜，众说纷纭，是民间喜闻乐见的戏文题材。雍正十三年八月二十三日子时，城外圆明园突然传出安歇于此的雍正皇帝龙驭宾天！此前一天，雍正还召见大臣，处理政务。皇帝驾崩没有一点征兆，无疑是猝死的。

十三年来，雍正锐意改革、雷厉风行，加上他为人严酷、猜忌多疑、

▲ 图2　雍正朝服

刻薄寡恩，得罪之人难以计数。雍正猝死且不明不白，有关死因的猜测纷纷出笼，越说越离谱。甚至有人考证出雍正是被曹雪芹和情人竺香玉合谋害死的，还有人说雍正是乱伦有愧而自杀的。而流传最广的是侠女吕四娘刺杀雍正的武侠故事。据传，吕四娘是在吕留良文字狱中遭到雍正族诛的吕家后人，十年磨一剑，一心报仇。吕四娘杀了雍正后，还割去了雍正的头。常人略一分析，都可推断这些传说不可靠。

雍正极可能死于丹药中毒。雍正年轻时即好佛崇道，此后终生求仙访道，追求永生。他在宫苑之中豢养大批道士，修炼丹药，长期服用。丹药富含汞、铅、朱砂等成分，经高温烧煅而成，毒性很大。雍正吃药成瘾，尤其是政治盟友、十三弟允祥死后还加大剂量，终致中毒。有两个细节可以作为丹药中毒说的佐证。第一，雍正猝死十三天前，圆明园二所用牛舌头黑铅二百斤。黑铅有毒，过量服食可使人致死，当时普遍用于炼丹。第二，雍正死后乾隆还未正式登基就传谕驱逐宫中道士，并下旨宫中的太监、宫女，不许妄行传说国事。雍正驾崩当晚，内阁大学士张廷玉在场，他记载看到雍正七窍流血，“惊骇欲绝”。

雍正长期服药，身体羸弱，而某时段的工作压力骤增，直接导致了他的猝死。雍正可能是中国历史上最勤政的皇帝。而超强的压力，都是他自找的。

雍正是传统集权专制体制迈向高峰的一大推手，也是权力高度集中的受害者。雍正皇帝发明了集权高峰的“明珠”——军机处。军机处绕开了正常的规章制度，置朝廷人事制度于不顾，随意指定大臣入军机处办事，跪听圣训。皇权通过军机处插手一切，官僚集团完全无力抗衡。雍正还扩大了早已存在的密折的范围和内容，将递折子的范围扩大到部分中层官员，内容则扩大到生计、风俗等方面。他鼓励臣下密折奏事，搜集各方情报，掌握天下动态。奏折着实便利了雍正对天下的掌控，却大大增加了他的工作压力。雍正执政十三年，批阅奏折 192000 多件，平均每天 40 件。每个奏折，雍正都亲书批语意见，累计超过千万字。此外，宫廷记录显示雍正在位期间，每天召见官员超过十员，耳提面命、面授机宜。一年 365 日，雍正只在生日那天休息一天，平时每天睡眠不足 4 小时，体力精力严重透支。身体不济，又倚重药物，如此恶性循环。

长期服药和工作强度大，导致雍正的身体和精神损害严重，这是雍正猝死的主因。一位 58 岁老人是如何被权力压垮的，雍正皇帝就是一个例证。

拜影视剧所赐，当今的雍正皇帝拥有超高知名度。清宫剧喜欢渲染雍正的后宫情事，编剧们给胤禛安上了诸多桃色故事。其他朝代所有皇帝风花雪月的情节，都在他一个人身上演绎了一遍。大都会博物馆藏有雍正皇后画像（图 3），题名《世宗宪皇后玉尊像》，是一位严肃慈祥的中年女性形象。历史上，雍正皇帝的后宫生活相对简单——一心扑在政

▲ 图3 《世宗宪皇后玉尊像》

务上的工作狂，哪有时间和精力处理争风吃醋的烂事？雍正只有两位皇后：孝敬宪皇后乌拉那拉氏是胤禛的原配；孝圣宪皇后钮祜禄氏是乾隆皇帝的生母，在乾隆朝享尽了荣华富贵。对比大都会博物馆的藏品和故宫博物院的藏画，可以确定《世宗宪皇后玉尊像》是孝圣宪皇后的画像。她母以子贵，寿数之高，在历代皇太后中极为罕见。大都会藏画的主人公就是热门影视人物“甄嬛”比附的原型。

雍正的一生，享年不及花甲，掌权不过十三载，内容却极为丰富。他立志改革，克服各种阻力，该办的不该办的都办了。国家有幸遇到了一位有作为的明君，缔造了康乾盛世；天下不幸供养了一位拼命的独裁者，加剧了国家的集权程度。独裁者、盛世明君，哪个角色更适合胤禛，当是仁者见仁智者见智之事。

▲ 图1 清徐扬《乾隆南巡图》

皇权的盛装游行

权力需要有仪式感。从午门到金銮殿的漫长道路、高耸的红墙楼宇、严肃的缄默和低腰行进，甲胄鲜亮的武士穿着兼具武装与礼服的行头逼视每一个来者，再配合皇帝出场时的鼓乐齐鸣、高声赞颂，一般人不由自主地便下跪磕头。这是紫禁城营造的仪式感。绵延整个街道的队伍，一排排高举着的名牌，两面硕大的“肃静”“回避”，一乘八抬大轿子，再配合前导衙役的清道吆喝和刺耳的铜锣敲击声，升斗小民早早就让道低头肃立，胆小的提前跑开。这是官员仪仗营造的仪式感。

仪式感可以强化权威，展示力量，并且附加诸多教化，是权力所有者的好朋友。古代帝王很早就意识到了这一点。最大范围地展现这一功效，莫过于排列全套皇帝卤簿，恭请皇帝亲自担任主角，调动成千上万的群演，来一场神州大地盛装游行。这便是皇帝出巡。

自从秦始皇发起泰山封禅东临沧海的巡游后，之后多有模仿的后来者：汉武帝、武则天、唐玄宗、宋真宗、宋徽宗、明武宗……当皇家仪仗骄傲地经过帝国的郊野乡镇，终日为生计奔波甚至从未踏出故土半步的黔首愚民自然惊服于皇帝的实力与威严。忠诚之心是否油然而生，很难判断；畏服之情自然是多了几分。

▲ 图2 《康熙南巡图》泰山至济宁段（局部）

清朝康熙皇帝、乾隆皇帝都曾经六下江南，事后都命令画师绘制了出巡盛况。巧的是，大都会博物馆藏有《康熙南巡图》（图 2）和《乾隆南巡图》的局部。祖孙两代帝王都集帝国之盛，宣皇权之威，其中尤以孙子乾隆深谙此道。他于乾隆十六年、二十二年、二十七年、三十年、四十五年、四十九年巡幸江南六次，深入大清帝国的经济中心，宣扬皇威于江宁（今南京）、苏州、杭州、扬州等烟花繁华的鱼米之乡。乾隆南巡，先车驾渡黄河，再转乘御船、沿大运河南下，经扬州进入苏南，最终折至杭州一带。乾隆六下江南，是古代最成功、民间最关注的帝王南巡，至今为人乐道。

乾隆皇帝在第一次南巡前曾给出官方版本的出巡目的，大致有四点：一是江浙官民绅衿恭请皇上巡幸；二是公卿大臣搜寻经史，并援引圣祖康熙南巡之例，建议允其所请；三是江浙人烟稠密，考察政务、问民疾苦有利于更好施政；四是乾隆要陪伴母后游览江南名胜，以尽孝心。这四项理由都不好反驳，但也都没有重要到需要皇帝离京数月、劳动天下的程度。

从乾隆南巡作为来看，六下江南只有一个大目的：巩固皇权。他在南方多有收买人心之举。比如：乾隆借南巡之机，起用或擢用一批因小过小事遭降革或致仕的能臣干吏。乾隆谕命他们官复原职，双方都有台阶，皆大欢喜。又如：原礼部侍郎沈德潜是德高望重的文坛耆老，在江南乃至全国文人士子中影响很大。乾隆南巡时对沈德潜优遇有加，既赐亲写长诗，又为其主持的紫阳书院题额“白鹿遗规”，还加沈德潜礼部尚书衔，给俸。再如：乾隆以博学鸿词的名义招揽前明遗民群体出山供职，又培植士类，增加江浙生员名额，更亲自出题目考试江南士子，特赐举人或直接授官，此举既适应了江南文教发达的现实，又扩大了王朝的支持群体。这应该是南巡的主要目的。

▲ 图3 青年乾隆皇帝像

南巡期间，乾隆还在苏杭多地检阅军队操练，整饬营务，巡视河工，对所到之地的地方官员予以考核奖惩。当时黄河夺淮入海，且与大运河多有磨合。河工为天下大政，大都会博物馆藏有乾隆视察河工的画卷（图

▲ 图4

4），展现了乾隆亲力亲为的务实一面。当然，作为以大文豪自居的业余文人兼狂热的艺术发烧友，乾隆花了相当多的时间和精力游遍江南名胜，观古赏景，自然免不了到处赋诗题词。如今，江南诸多景区留有乾隆的墨宝和传说。

乾隆南巡每次平均历时四五个月，随驾当差的官军常年维持在 3000 名上下，马 6000 匹左右、船四五百艘，另有几千名民工随时待命，此外不算王公大臣的个人开支。如此阵仗，注定要靡费官帑。乾隆自然意识到这一点，每次南巡前无不告诫地方“力屏浮华”，“时时思物力之维艰，事事惟奢靡之是戒”。事实上，每次出巡都至少花银百万两，且不算官员私下花销及给民间的极大骚扰。至今有关乾隆南巡都有扬州盐商“孝敬”巨款的传说，如扬州化为火树银花不夜城、盐商一夜建起白塔完胜北海景致等，既减轻了官家负担，又渲染了江南繁华。殊不知，盐商即官商，他们敬献的巨款又由何而来呢？

大都会博物馆藏有《乾隆南巡图》的第六卷《大运河至苏州段》（图 5），绘制了气派非凡的龙舟御驾、雄壮高大的城楼箭垛、摩肩接踵的苏州街巷、静谧美好的城郊乡野，配以歌舞迎驾的戏班、运河两岸整齐跪迎的官民人等，“康乾盛世”的恢宏情境跃然纸上。画家用传统白描，辅以淡彩，将绿意盎然的江南景色和热气腾腾的迎驾场景，描画得清清楚楚。一般百姓无不以身逢其盛为荣，事后还津津乐道。对于一个六下江南，逗留数年的皇帝，好事的百姓相信其中另有隐情。逃避皇后的婚外恋、微服私访的武侠剧，版本不一。其中，最为脍炙人口的是乾隆的身世之谜。传说，雍正皇帝曾以女儿与海宁陈氏儿子相换，乾隆实际上就是海宁陈氏

▼ 图5

图6

之子。这出清朝的“狸猫换太子”，在乾隆得知真相后引发了六次南巡，皇帝四次亲临陈家，详问家世。如此传说，不值一驳。但百姓对乾隆身世的热衷，从反面验证了南巡的成功：人们不关心正愈演愈烈的文字狱，不过问连年战争的十全武功，而是试图论证乾隆是汉族血脉。

乾隆的勤于政事、务实高效和好大喜功、奢侈浪费都绘制在了南巡的车辙足迹之中。康熙皇帝曾令画家王翚主笔绘制记录南巡的《康熙南巡图》。乾隆皇帝则令画家徐扬仿照体例绘制了《乾隆南巡图》。徐扬是江苏苏州人。乾隆第一次南巡途经苏州，徐扬持画册进贡，受到乾隆赏识，

入职宫廷画家。乾隆二十九年，徐扬奉命绘制南巡图。他创作的《乾隆南巡图》有绢本和纸本两种，乾隆三十五年（1770 年）进献十二卷绢本，六年后再进十二卷纸本。绢本的《乾隆南巡图》已经散佚在北京、法国多地。其中第四卷《黄淮交流卷》（图 6）和第六卷《大运河至苏州卷》藏于大都会博物馆，与《康熙南巡图》相映成趣。

康熙皇帝和乾隆皇帝，智商与情商都在中人之上，难能可贵的是两人都是工作狂，全副身心投在皇权的金光大业上。即便是南巡，也融入了集权的逻辑。这是大清王朝的幸运，却是老百姓的不幸。

毒害中国的植物

有两种植物与中国历史结下了不解之缘，其中一种是茶叶。这片源自东方的神秘叶子，俘获了全球难以计数的味蕾，也在传统中国形成了隽永留香的茶文化。而第二种植物，几乎将中国拖入了万劫不复的深渊。它就是能够提炼鸦片的罂粟。

大都会博物馆藏有多幅近代中国人吸食鸦片的照片。近代来华的洋人，携带原始的照相器械，拍摄下当时中国人吸食的真实场景。英国人威廉·汤姆斯·桑德斯（William Thomas Saunders）是个活力充沛的摄影家，扛着并不算轻盈的器械，走遍了中国的大江南北、城乡市镇，拍下了岭南的戏班、京城的车夫、宁静的乡村、血腥的斩首，是中国摄影史上不可忽视的一个名字。大都会博物馆馆藏的《吸食鸦片者》就是他的作品。

两个老年男子，左坐右卧，左者抽旱烟，右者抽鸦片。两人看起来并不富裕，穿着粗布衣裳和草鞋，却将日夜奔波所得的银两耗费在了鸦片之上。威廉·桑德斯抓取的只是吞云吐雾的一个瞬间，清朝吸食鸦片的场景其实是相当繁复的。

吸食者先把散碎的生鸦片混合淡水，倒入小锅中，小火熬成黏液，

▲ 图1 吸食鸦片者

再转倒入小银罐中。接下来就是核心环节：一根尖头平尾的银签，蘸着黏液放在灯上反复烘烤，等黏液慢慢在签尖聚化为一个小球。这小球便是“烟泡”，这个过程就叫作“烧烟炮”。烟泡烧好后，移放到烟斗尖嘴上，最后将烟斗置于灯火上烧烤。烟泡在高温下化为青烟，吸食者将烟吸入腹腔，躺在卧榻上静静地享受。（吸食鸦片的烟斗是特制的长烟枪，通常是竹制的，长达过尺；灯火也是特质的，通常带有玻璃罩。）如此反复多次，据说能给人带来飘飘欲仙的美感。我们后人难以理解这种自我戕害行为，或许吸食者也明白这是慢性自杀，可是一旦上瘾便成为了鸦片卑贱的奴隶。

“鸦片”两个字在中国不仅仅代表着一种毒品，还是国家屈辱、民族落后的代名词。

时间车轮驶入 19 世纪的时候，西装革履的英国人和留辫子穿长袍马褂的中国人迎头相遇，双方都发现了一个难以置信的新世界。曾经辉煌灿烂的中华帝国沿着惯常的道路缓缓前进，仿佛一件制作精美的硕大瓷器，浑圆、高贵、典雅、艺术成就高，实质上脆弱得一击即碎。而欧洲国家迅速崛起，经济和文化实力飞速发展。在经济上，葡萄牙、英国等国的商业、贸易和金融都开始发展，并且势头强劲。军事上，欧洲国家的职业海军配备着坚船利炮，驰骋在四大洋，而中国的军人混杂在民间，集捕快、征税员、消防员和民警于一身，所谓的水师仅仅是划着小舢板的内河巡航队。习惯了西方火药用途的利玛窦，在观看了南京城的元宵节焰火表演后，惋惜道："在一个月中用去的硝磺，要比在欧洲连续作战三年用的还要多。"一批又一批利玛窦那样的传教士满怀热忱进入中国，绝大多数在数年后失望透顶地逃离中国。因为他们发现中国人不仅思想停滞，而且高傲自大、拒绝思想交流。他们将西方来的人一概视为"朝贡者"，传教士为"洋僧"，西方器物为"奇技淫巧"。利玛窦之所以被允许居住在北京，据说是因为他向皇帝献上了两个自鸣钟，官府找不到会修理的人只好允许利玛窦留下了。

中国对外界浑然不觉，世界已经编入了一张全球化大网之中。江浙地区的许多瓷器作坊开始接到生产带把手的茶杯的订单，作坊工人在惊讶之余，压根就不知道这是巴黎或者伦敦上流社会定制的。随着中国商品的持续走俏，西方商人遭遇了巨大难题：拿什么和中国人交换？中国人吃穿住行所需的一切都可以在国内生产，除了金、银，中国人几乎不接受其他商品。于是便出现了这样的场面，欧洲商队将工业品带到美洲，交换美洲的金银，再把金银拉到东方来，换取中国产品。整个贸易链就简化成了欧洲人在给中国人搬运美洲的金银。

中国产品在欧洲持续热销，西方对华贸易逆差越来越大。欧洲商人们心急如焚，最着急上火的就是英国人。作为世界头号强国的英国，怎么能忍受成为替中国打工的“搬运工”？找不到正当的竞争途径，鸦片就成为了英国人的选择。

鸦片来了！中国逐渐成为了世界最大的烟馆。

乾隆嘉庆时期，走私进来的鸦片价格昂贵，吸食者只是权贵人家和纨绔子弟。随着鸦片的流行和暴利，带动了贩毒网络的扩散和本土种植，鸦片供应量大增，逐渐“平民化”，如僧人、道士、妓女、优伶等也可以消费得起。道光中期，在乡镇集贸市场上有人公开兜售鸦片。越来越多的人沉溺其中，甚至包括了宗室、太监、官吏、士兵。道光十五年，全国吸食鸦片的人超过200万，占总人口的千分之七。一些外国著作记载，中国城镇“烟馆”之多，就如同英国的杜松子酒店一样，“从养尊处优的官员到落魄潦倒的奴仆，不顾政府禁令，不断溜入这些烟馆”。凡是吸烟成瘾的人，儿女饿得啼哭可以不问，妻子没裤子穿可以不管，而鸦片烟则非吸食不可。鸦片就像一个幽灵，飘荡在清王朝的上空，摄取国民的钱财、精力和生命，逐渐掏空一个老大王朝的积蓄和朝气。操控鸦片贸易的英国人，轻易地实现了对华贸易的出超，卷走白花花的银子（史实转引自郭剑波《鸦片战争前中国内陆的鸦片流通问题》，载于《历史档案》2003年第三期）。清朝朝野对鸦片泛滥深恶痛绝，兴起了一股禁烟的潮流。

鸦片成了中英贸易和政治斗争的焦点，成为历史转折剧中最重要的道具。

1840年，黑暗的鸦片终于将中国拖入一场屈辱的战争。这场战争冠以鸦片之名，被称为“鸦片战争”。

战争的结果，早已举世皆知。几千英国远征军摧枯拉朽般将一个老大帝国的外衣撕得粉碎，天朝就此崩溃。志士仁人，乃至普通国人都对鸦片痛心疾首，在情感上将它视为导致中国近代贫弱、人民屈辱的一大

▲ 图2 吸鸦片者照片

罪魁祸首。战后，鸦片贸易在中国禁而不绝，反而迅速泛滥成灾，它成了撩动中国人民内心伤心事的敏感话题。

1926年，根据中华国民禁毒会会长唐绍仪的估计，中国每年至少有10亿元消耗在鸦片之上，这一数值超过了1929年上海地区的进出口贸易总额。随着欧美严禁鸦片，中国逐渐成为了世界最重要的鸦片生产国之一。对于普通农民来说，鸦片比一般的农业作物收益高，种植鸦片可以获得较高的收益。一些地方的农民甚至赖此谋生。当然，鸦片禁而不绝的主要原因还要归结于政府。政府明禁暗种，对国际社会和一系列的禁烟规定阳奉阴违。鸦片泛滥的板子应该打在政府的身上，而不应该打在普通百姓的屁股上。

民国时期，鸦片在华大规模生产，使鸦片价格大为降低，最后便宜到了一般人家都能吸食得起。吸食鸦片成为社会普遍现象，在部分城市、乡镇，甚至形成了吸食鸦片的风气。一般人家应酬往往选择在鸦片馆进行，商家谈生意、官员处理公事也喜欢一边吸着鸦片，一边商议。富裕人家家中常常自备吸食鸦片的全套工具，不少人家还相互攀比各自烟具的豪华精细程度。普通青年接触鸦片的年龄大大降低，一些年轻学生生病以后，竟然有关系密切的同学、朋友劝他们吸食鸦片缓解病情。大都会博物馆另有一幅照片，是两位富裕家庭的青年，躺在专门的鸦片榻上抽鸦片，设备精良。具有讽刺意味的是，萎靡不振的青年和榻前的梅、兰、竹形成了强烈的对比。在民国中期，鸦片弥漫了全国各地各个街头，烟毒之祸达到了顶峰。

在吸食鸦片的重灾区四川，川西北地区青壮年几乎无人不吸食鸦片，一度使该地区军阀和官僚找不到合适的兵源。贵州、云南、四川等地的军阀部队被国人称为“双枪将”。这双枪，一杆枪是步枪，另一杆枪是烟枪。平时巡逻、训练或者打仗的时候，西南地区的军队一手拿着步枪，一手拿着烟枪，场面相当壮观。败逃或是被俘的时候，官兵们宁可丢弃步枪，也不愿意放下烟枪。

鸦片之患，是近代中国的关键词之一。直到人民政府建立后，毒患才在中国杜绝。

广州的世界首富

中国是现有国际经济体系中的后来者，四十年来埋头追赶。每年的世界富豪排行榜公布后，中国人以能够占据一席之地为豪，都不奢望能名列前茅。殊不知，早在19世纪前期，就有一个中国商人坐上了世界首富的交椅。他就是伍秉鉴。

伍秉鉴（1769—1843），即伍浩官，他曾统计自己家产约2800万两银子，而当时美国首富的资产大约为700万两。如此规模的财富，是伍秉鉴亲手在几十年内实现的。大凡暴富都不是市场规律能够解释的，伍秉鉴的暴富就是建立在清朝中期以后的行商外贸制度之上。

乾隆二十二年（1757年），清政府关闭了对外贸易的大门，只留下广州一个口岸对外通商。天朝万物应有尽有，自然无须与外人通商。朝野上下都很满意一口通商的闭关政策，大门一关起来，外夷寻衅滋事没了，海防也安全了。故步自封的清朝统治者虽然自诩为天朝，但是骨子里却害怕外人侵犯。在不自信的土地上，根本不存在强盛的“天朝上国”。

闭关体制下，朝廷禁止中外自由贸易。广州的行商制度就此诞生。早在康熙二十五年（1686年），广州设立“洋货行”，每一个行商向粤海关负责，接受进出口报单并代交货税。本质是委任一些有实力的商人为朝廷处理外贸的事务。乾隆四十三年，行商权力进一步扩大，外商买卖货物必须由行商经手。这些行商迅速发展为“广州十三行”，被官府推到贸易的台前：外商只准“寓歇”在行商开办的“商馆”内；行商对外商有管束权；外商不得直接申述于中国官府，若有事申述，必须通过行商转达。十三行在事实上垄断了对外贸易，并且对在华的外国人拥有管辖权。外国人，甚至连外国使节都必须通过十三行与中国官府交涉。十三行亦官亦商，成了朝廷防止中外商民自由交往的畸形工具。

行商们需要完成海关的定额关税，不定期地“报效”官府。制度的基因还是传统中国盛行的统治经济，与明清时期奉行的盐商制度类似。盐商花钱购买盐引，垄断食盐销售；十三行花钱购买行商资格，垄断中外贸易。

所谓的“十三行”，并非就是固定的十三家，而是一个统称。其间，商行进进出出，多时可达几十家，少时则只有四家。鉴于它垄断了清朝海上对外贸易的特权，当时中国的国际贸易，无论是茶叶、丝绸等畅销品出口，还是外商货物的进口，都必须经过“广东十三行”这一特殊的组织。十三行最终发展为与盐商、晋商并立的经济集团。

垄断产生暴利。随着财富不断积累，广东十三行中也涌现出了一批豪商巨富，如潘振承、潘有度、卢文锦、叶上林等。其家产可与清朝国库年收入相比（乾隆朝年收入约四千万两白银），是货真价实的“富可敌国”。潘振承是白手起家的十三行“总商”（行商领袖），可能是 18 世纪的世界首富。广州人伍国莹曾在潘振承家中做账房，后来独立经营，创办了一家商行“元顺行”，并起商名为“浩官”。该商名一直为子孙所沿用，伍国莹应该没料到它会成为下一个世纪国际贸易界的响亮名字。后来，伍国莹把产业交给儿子伍秉钧，伍秉钧接手后改名“怡和行”，可不幸英年早逝。他的弟弟、32 岁的伍秉鉴接手怡和行，这一年是 1801 年。怡和行在伍秉鉴手中迅速壮大，成为了十三行的总商。

伍秉鉴的经商诀窍何在？快速投资！伍秉鉴将怡和行主营业务丝织品、茶叶和瓷器交易的不菲收益，迅速资本化，大规模地置办田产、宅院、茶园、店铺；到国外投资，借贷给英国东印度公司，成为东印度公司最大的债权人，其资本甚至涉足美国勃兴的铁路、证券乃至保险业务，怡和行一度跃升为世界级的跨国财团。同时，伍秉鉴经商诚信，恪守商誉，具有超前的品牌意识。怡和行销往海外的茶叶，都印有“浩官”的商标。浩官的英文名“Howqua”闻名西方，欧美人以“伍浩官”称呼伍秉鉴。伍秉鉴还进一步地将自己的肖像附送在货物中，向外国友人、商业伙伴赠送肖像。尽管浩官一生没有离开过广州，他的肖像却随着货物遍布美洲、英国以及印度。欧美商人对伍秉鉴的商誉非常赞赏。他的肖像画塑造了成功的中国商人印象：诚实、守信、正直。这或许是那个时代西方最著名的中国人形象。

现在引用最多的伍秉鉴肖像画就藏在大都会博物馆（图 1）。这是一幅油画（63.5cm×46.3cm），画面上清瘦的伍秉鉴跷腿坐在红色榻上。双腿交叠在中国坐礼中是粗鲁、随意，不礼貌的动作，却是欧洲肖像画中的优雅、淡定动作。虽然室内有个大红灯笼、周围装饰着精美的中式元素、伍秉鉴身穿清代官袍，但是伍秉鉴的左脸被打上了阴影（这是中国画绝不会采用的技法），背景构图也是西式的，总而言之，这是一幅西方肖像画。整幅油画，伍秉鉴雍容富贵，尤其是那套华贵的官服。伍秉鉴曾报效朝廷，获得了三品官衔，但是画家并没有描绘清晰的官服补子[1]，让人难以判断

[1] 补子，是补缀于官服前胸、后背之上的一块织物，是明清官员服饰制度的一个重要特征。

▲ 图1 伍秉鉴肖像油画

主人公的真实品级——考虑到此画是赠送给西方人，这点并不重要。

大都会博物馆认为此画带有英国画家乔治·钱纳利（George Chinnery）的风格。钱纳利活跃在19世纪前半叶的粤港澳地区，曾经给包括伍秉鉴在内的富豪画像。他的油画风格在相当长时间内影响了中国画家的肖像画风格和世俗审美。当时诸多商业画家模仿他的画风，且钱纳利往往不署名，所以难以断定这幅藏品是不是钱纳利的作品。能确定的是本作品的另一个画家是埃斯特·斯皮克曼（Ester Speakman），完成于1843年。

画作完成时的1843年，伍秉鉴的生命已经走到了尽头。

伍秉鉴的收益根植于垄断特权，可为了维持特权并不容易。鸦片逐步渗入中外经贸。伍秉鉴等行商既要面对朝廷对鸦片夹带的责难，又面临欧美商人对行商垄断的日益不满。外商最不满的是，清政府赋予了行商对外商征税的权力。外国商人在华不仅要缴纳关税，还要向“贸易伙伴”缴税。经行商之手的附加税繁重，超过正规额定关税数倍乃至十余倍。限制贸易、行商贪婪、利润太薄……所有的问题归结起来，外商认为要突破行商垄断贸易制度。

1840年鸦片战争爆发。据说，伍秉鉴闻讯瘫倒在地。之前，他一直在调和中外矛盾，争取和平解决鸦片问题。战争爆发，一切努力都彻底失败了。伍秉鉴十分清楚，英国发动战争的根源是自己赖以发家的十三行制度。一旦英国获胜，毫无疑问，十三行的垄断特权将丧失。

鸦片战争以中国战败结束，《南京条约》规定开放贸易，废除行商制度，允许外商在各个口岸任意交易。十三行垄断地位不存，被迫参与市场交易。1843年，伍家被勒缴100万银元支付对外商的赔款。也就是在这一年，郁闷在胸的伍秉鉴病逝于广州，终年74岁。

▲ 图2 伍秉鉴象牙水彩像

大都会博物馆还藏有伍秉鉴的象牙水彩肖像画（图 2）。这幅水彩与象牙结合的肖像，伍秉鉴脸蛋依然瘦削，脸色更加惨白，双眼深陷，眼神抑郁，仿佛洞见了自己归属群体的命运。

伍秉鉴死后，曾经富可敌国的广东十三行开始没落。最致命的是，随着自由贸易的实行，广东丧失了垄断优势。第二次鸦片战争爆发后，一场突如其来的大火吞噬了十三行街，最终把具有 100 多年历史的行商彻底化为灰烬。十三行的命运，正是当时中国各界的情况写照。历史学家蒋廷黻说："在鸦片战争以前，我们不肯给外国平等待遇；在以后，他们不肯给我们平等待遇。"

皇家印玺的流变

古人以特定符号作为凭证,发明了印章。“印”的古文字为上下结构，上半部为“爪”，下半部为“节”，手持符节代表诚信。中国人对印章有特殊的钟爱，制印赏印之风吹拂，符玺、印信、名章、闲章等名类繁多，篆刻雕印、品鉴石头、赏印雅集等活动频发。印文化同书法、绘画、诗歌堪称中国四大传统艺术。

印章是大都会博物馆中中国藏品的一大品类。大都会博物馆藏印早起东汉晚至现代，涵盖玉石、琉璃、铸铁、檀木等丰富材质。而其中的重要藏类是中国的皇家宝印。皇家印信在秦汉时期称“玺”，唐朝开始改称“宝”，馆藏宝印中最吸引眼球的就是“慈禧皇太后御览之宝”，印高6.7cm，印章呈正方形，长宽俱为9.5cm。印文从右至左排列，为四排，除了第二排为“皇太后”三个字外，其他三排都是两个字。

慈禧太后的印章为青玉材质。古印一般是拥有者身份越高，材质越好。皇帝之宝使用金、玉、栴檀木雕刻而成。皇族之印用金、玉制成。中央各部、院衙门及将军、都统等军队高官用银印；各行省官员随官职不同而使用银印或铜印。府、州、县正官使用铜印。低级官员、佐杂官员则用“钤记”，即木头刻制的印信。同样的材质，官印的用料考究、成

▲ 图1 慈禧皇太后御览之宝

色十足，比民间选材质量要高得多。慈禧太后之宝的玉料就通体透亮，几无杂质，玉色温而不寒。

慈禧太后盘踞近代中国权力金字塔顶端近五十年，杀伐决断不逊于帝王。她的御览之宝也便透着一股威严。文人赋予闲章文雅，皇权注入宝印权威。所有印章中，最权威、最传奇的当数传国玉玺。

秦统一天下后，第一个皇帝秦始皇镌造了一枚玉玺，称之为“天子玺”。玉玺方圆四寸，螭虎纽，秦丞相李斯在正面以大篆书写“受命于天，既寿永昌”八个大字，以作为皇权神授、天下一统的信物。此玺用陕西蓝田白玉雕琢而成，据说是著名的“和氏璧”。和氏璧是先秦传说中的绝世宝玉，凝聚着卞和献玉、完璧归赵、渑池相会等诸多典故传说。和氏璧与生俱来的传奇似乎预示着由它而生的传国玉玺的多舛命运。秦朝迅速灭亡，传国玉玺作为皇权代表，迅速成为野心家觊觎和争夺的目标，开始了颠沛流离的历程，并最终湮没无闻，成为一大历史谜团。

刘邦在秦末群雄混乱中最先入关中，从秦王子婴处夺得传国玉玺，建立西汉后沿用为汉帝国的玉玺。刘邦也希望玉玺能在家天下世代相传，称之为“汉传国玺”或“汉传国宝”，珍藏在长乐宫。西汉末王莽篡权，需要玉玺来增加合法性。王莽的姑姑、太后王政君掌管玉玺，起初拒不交出，最后在王莽党羽的软硬兼施之下哭着将玉玺掷于地上。玉玺摔掉了一角，从此留下了瑕痕。王莽用黄金将缺角补上。王莽垮台被杀，乱军抢到传国玉玺，后经绿林军、赤眉军的流转，最后落入东汉创立者刘秀之手。玉玺重新成为汉帝国的玉玺，继续流传在东汉诸帝手中。

东汉末年，天下再次大乱。何进、袁绍等人诛杀宦官十常侍时，宫中混乱不堪，事后清点发现玉玺不见了！十余年后，十八路诸侯讨董卓，董卓战败西逃，临行前放火焚烧了洛阳宫殿。讨伐军孙坚所部在救火时，于宫内水井打捞出一具宫女尸体。宫女颈下赫然悬挂着传国玉玺。玉玺一现，开启了诸侯的明争暗斗，《三国演义》对此有生动描述。曹操高举汉室旗帜平定中原，传国玉玺重回汉献帝手里。曹魏代汉，传国玉玺顺延成为曹魏的皇权象征。魏文帝曹丕画蛇添足，在玉玺的肩部以隶书刻下“大魏受汉传国玺”。三国一统于西晋，玉玺归晋。西晋末年，中国历史进入五胡乱华时代，朝代更迭频繁，传国玉玺开始了最为剧烈的颠沛流离期。

西晋灭亡，玉玺为匈奴的前赵刘聪夺得；后赵石勒灭前赵，夺得玉玺，也画蛇添足在右侧加刻了“天命石氏”。后赵大将冉闵推翻石氏自立，建立冉魏，拥有了玉玺。冉魏政权狭小，始终处于动荡之中。北方鲜卑族建立的北魏政权大规模南下。鲜卑族慕容氏南下攻魏，争夺传国玉玺。冉闵兵败被杀。冉魏都城邺城遭鲜卑大军团团围困。冉魏大将军蒋干等人辅佐太子冉智闭城拒守。当时邺城发生了饥荒，百姓相食。蒋干一边向鲜卑族请降，一边求救于东晋，梦想引鲜卑军队和东晋军队鹬蚌相争。东晋以中华正朔自居，无恢复故土雄心，却觊觎冉魏手中的玉玺，要求蒋干拿玉玺换援兵。蒋干无牌可打，交出了玉玺。三百东晋精骑连夜护送玉玺到东晋首都建康。玉玺重新成为晋朝号令天下的信物。两个月后，邺城被鲜卑族攻破。冉魏灭亡，但鲜卑人并没有如愿得到传国玉玺。慕容儁干脆谎称得到了玉玺，登基建立了燕朝，还信誓旦旦地改元“元玺”。

真正的玉玺在建康，随着东晋、南宋、南齐、南梁世代相传。南梁侯景之乱，侯景鸠占鹊巢，夺得了玉玺，还没捂热就迅速败亡。乱中，侯景部将携带玉玺潜逃，中途被北齐将领抢走。传国玉玺遂重返中原，为北齐高氏所有。江南的陈朝取代南梁，新刻了一个玉玺作为替代。时逢乱世，枭雄私刻玉玺成风，每个割据政权都手持玉玺宣称“天命所在”。北周灭亡北齐，将传国玉玺收入囊中；杨坚又取代北周建立隋朝，以传国玉玺为国宝。隋朝将玉玺改称“受命玺”，隋命天授，并在统一全国后将没收之前几百年间私刻的所有玉玺销毁。

隋唐是大一统王朝的鼎盛时期，传国玉玺牢固掌握在皇室手中，被视为国家至宝。唐亡，乱世再临，中国进入纷扰动荡的五代十国时期。玉玺厄运再启，先入后梁又入后唐。后晋石敬瑭叛后唐，引契丹军攻入洛阳，后唐末帝李从珂怀抱传国玉玺自焚。玉玺信息戛然而止，从此在信史中下落不明。

后周太祖郭威登基时，遍寻传国玉玺而不着，无奈刻“皇帝神宝”等两方印玺，聊作安慰。北宋建立，无奈以这两方印玺为皇权的象征，但也始终没有放弃追查传国玉玺下落。宋哲宗绍圣年间，咸阳有人声称挖掘到色绿如蓝、温润而泽，背螭纽五盘的“传国玉玺”，献给朝廷。在宋哲宗的高度重视之下，翰林学士蔡京等十三名官员经过细致考证，认定这是“真秦制传国玺”。《宋史》记载：

> 玺之文曰“皇帝寿昌”者，晋玺也；曰“受命于天”者，后魏玺也；“有德者昌”，唐玺也；“惟德允昌”，石晋玺也；则“既寿永昌”者，秦玺可知。今得玺于咸阳，其玉乃蓝田之色，其篆与李斯小篆体合。（卷一百五十四、志第一百七）

宋史列举了诸多“玉玺”上的刻字，却没有提及“大魏受汉传国玺”和“天命石氏”等可以确定的刻字，同时蔡京等人臆想大于考证，后人更愿意认为这是“想当然”的玉玺。事实上，宋朝爆发出多次传国玉玺重现的新闻，但都无确证。宋徽宗雅好篆刻，加刻了皇帝印玺十方，论者推断这是宋徽宗在没有传国玉玺的情况下，多刻印玺，淡化正玺的地位。大都会博物馆就藏有多方宋朝皇室印玺。其中有“皇帝受命有德者昌”（图 2，12.4cm×16.8cm），“受天之命皇帝寿昌”（图 3，8.9cm×11.1cm）两方，当属宋帝宣示皇权、发号施令的凭证。此外还有许多皇家藏书印，比如馆藏“集英殿宝”（图 4，10.5cm×11.7cm），当是宋帝在馆阁书画上加盖用宝。

明太祖朱元璋梦寐以求真正的玉玺。开国后明军多次深入漠北，穷追猛打远遁蒙古高原的元朝残余，一大目的就是追寻传国玉玺。他以为传国玉玺尚在元朝手中，遗憾最终无功而返。明清更迭之间，多尔衮率军出征蒙古察哈尔部，在察哈尔意外获得“传国玉玺”，回师交予皇太极。皇太极第二年改国号为清，建立清朝。该玉玺更像是出于政治需要炮制的。明清期间，民间“敬献玉玺”的新闻不绝于耳。乾隆皇帝务实且好考据，

▲ 图2 皇帝受命有德者昌

▲ 图3 受天之命皇帝寿昌

▲ 图4 宋代集英殿宝

曾仔细考证大臣进献的玉玺后，钦定为赝品。他说："朕谓此好事者仿刻所为，贮之别殿，视为玩好旧器而已。"乾隆把所谓的玉玺聊作玩物。可见，到了后期，皇帝对玉玺真伪也看得很开了。

乾隆登基之初，统计当时印玺已达二十九种三十九方之多，且因文献记载失实，用途不明，使用混乱。乾隆力主整肃，于乾隆十一年重新考证排序，将印玺总数定为二十五方，并明确了各玺的用途。比如"敕正万邦之宝"以诰外国之用，"敕正万民之宝"以诰四方之用，"制驭六师之宝"以整戎行之用。这二十五玺质地有金、玉、栴檀木，印纽有交龙、盘龙、蹲龙型制，雕制精美。平时密藏于紫禁城交泰殿的宝盝中，一宝一盝。宝盝为两重，木质，同样制作精美，外罩绣龙纹的黄缎罩，分列御座左右。如今，游人参观故宫交泰殿，还能看到25个高约半米的宝盝，在大殿正面摆放有五个，两侧各放十个。

清朝皇帝有二十五宝，太后、皇后也有各自宝印。但像"慈禧太后御览之宝"之类的却不多见，反映了慈禧太后的特权。"御览之宝"是皇帝的鉴赏用印，皇帝鉴赏臣下作品后盖御览之宝，以示赏识。慈禧太后打乱了用印规制。她掌权后，刻制了"慈禧皇太后御览之宝""慈禧太后之宝"等印玺，彰显统治中国的实权。如今北京颐和园的牌匾、光绪皇帝所题写的"颐和园"匾额上，"慈禧皇太后御览之宝"之印更是盖在匾额正上方，体现了她至高无上的特权。该枚宝印雕刻极为精巧细腻，凤鸟占满顶端，双翼之下覆盖着龙和麒麟，形成凤上龙下之势。慈禧太后的张扬可见一斑。大都会博物馆的"慈禧皇太后御览之宝"螭虎纽，而且尺寸偏小，并非现存留印的慈禧太后之宝。不知大都会博物馆馆藏的该印如何得来？

第五章

寻找心中的历史

每个民族都有自己的精神偶像，有的洒脱，有的欢乐，有的忠义，有的激昂。每当后人遭遇类似情境，内心迷惘之时、思绪澎湃之时，往往会自觉不自觉地回首民族的精神星空，寻找那一颗颗闪亮的星星，得到共鸣、汲取力量。

▲ 图1　元钱选《归去来辞卷》

寻找桃花源

每个民族都有自己的精神偶像，有的洒脱，有的欢乐，有的忠义，有的激昂。每当后人遭遇类似情境，心绪澎湃之时，往往会自觉不自觉地回首民族的精神星空，寻找那一颗颗闪亮的星星，得到共鸣、汲取力量。

元朝代宋，是中国历史的一大转折。天下落入“蛮夷”之手，南方汉族要易服向北称臣。不少传统文人感叹“从此无中华”，采取与元朝不合作的消极对抗方式。浙江湖州人钱选，就是经受心灵煎熬的其中一人。钱选是南宋进士，人品及画品皆称誉当时，与后来大名鼎鼎、俨然有宗师之势的赵孟頫并称“吴兴八俊”。南宋亡，元朝征荐钱、赵等人入朝为官，赵孟頫诸人相继北上受官，只有钱选躲避山林，不出不仕，终身隐居，“老作画师头雪白”。在山陵竹浪阡陌露珠之间，钱选常常神游民族的精神星空，而神交最多的则是东晋的陶渊明。

陶渊明是东晋名臣陶侃的曾孙，出生时家族已经败落，陶渊明 9 岁丧父，寄宿在外祖家艰难度日。陶渊明自幼好学，遍览群书，深深刻下了传统文化的优良印记，既有大济苍生的志向抱负，渴望功业，又清正独立，不愿意向非礼非常之事妥协。迟至 29 岁，陶渊明才出任江州祭酒。东晋门阀制度森严，世族二十便为官，寒门三十始试吏。陶渊明入仕即遭人轻视，又融入不了冗繁无聊的官场生活，对同僚孜孜以求官位的做派极为反感，很快挂冠而去。此后，陶渊明在“任官—辞职”的道路上反复循环，直到义熙元年（405 年）秋出任彭泽县令。

东晋官员有“职分田”，到任耕种卸任归还。陶渊明想在职分田上全种上酿酒用的秫谷：“让吾常醉于酒，足矣。”妻子不同意，要种食用的粳米。夫妻争吵的结果是一顷五十亩田种秫谷，五十亩种粳米。一日，浔阳郡遣督邮到县，属吏告诉陶渊明应该束带正装去见。陶渊明叹道：“吾不能为五斗米折腰，拳拳事乡里小人邪！”于是摘印去职。没有等到种下去的秫谷成熟，陶渊明又挂冠而去。陶渊明的彭泽县令在任仅 81 天，却为他赢得了“陶彭泽”的雅号。公元 405 年的这一天，东晋少了一个县令，中国多了一位精神大师。

陶渊明彭泽辞官后不久，创作了《归去来兮辞》。这是作者对平淡生活的自述自励，厌恶并鄙弃黑暗的官场，搭建了由自然美景和农村劳作组成的理想生活。“寓形宇内复几时，曷不委心任去留，胡为乎遑遑欲何之？”人生在世几十年，为什么要压抑自己呢？宦海沉浮后，陶渊明意识到精神的平静与满足更加重要，“乐夫天命复奚疑！”人的“天命”就是人生而为人的自然状态，自由的状态，没有压迫与束缚，不管是客观世界的还是主观精神的。

千年后的钱选和千万人一样敬佩“不为五斗米折腰”的陶渊明，从中得到深深的共鸣。他在山林隐居期间，根据《归去来兮辞》，绘制了一幅《归去来辞卷》（106.7cm×26cm），现藏于大都会博物馆。全画绘制了陶渊明辞去彭泽令，乘舟归隐，家人相迎回家的场景。画面左半部分为坡岸，有炊烟院落、柴门绿竹，那是即将归隐所向；右半部分烟波浩渺，依稀可见远处淡淡山峦。水中有一艘木船，陶渊明迎风立于船头，袖袍飘逸，一童子在船尾摇橹，船只向彼岸驶去。《归去来兮辞》中“舟摇摇以轻飏，风飘飘而吹衣”，便是此情此景。彼岸，一位妇人领着两个孩童正在迎接陶渊明回家，那是他的家人。此景是《归去来兮辞》中“乃瞻衡宇，载欣载奔，童仆欢迎，稚子候门”的写照。

淡雅的青山、清幽的田园、闲适的生活，那是清正自适的中国传统文人的理想家园。《归去来辞卷》仅用线条白描，着色淡雅，画风稚拙，是画家理解的陶渊明的精神特质。在改朝换代的无奈中，钱选以书画自娱，既描绘出对陶渊明的追崇，也表达了自身隐居自守的心境。

作为热情的“艺术鉴赏家”，乾隆皇帝在钱选的这幅作品上留下了诸多痕迹，单单鉴赏印章就盖了一个又一个，令人怀疑他鉴赏一次就盖一个章，这种陋习保持到他退居太上皇的暮年。画幅中部上方还有乾隆题画诗，诗作平铺直叙，与陶渊明的精神相差甚远。乾隆只是从画面的“泛舟时”看出陶渊明的“千载隐名”。也难怪，好大喜功的皇帝和淡泊明志的陶渊明，本不是同路人。《归去来辞卷》卷尾部有元朝著名书法家鲜于枢草书《归去来兮辞》，款识“大德庚子”年，即公元1300年（图3）。鲜于枢应该是在画作流转过程中的早期书写者。与乾隆皇帝不同，他那出彩的草书增加了画作的价值。

陶渊明泛舟到彼岸后，久在樊笼里，复得返自然，从此再未出仕，过起“开荒南野际，守拙归园田”的生活。“暧暧远人村，依依墟里烟。狗吠深巷中，鸡鸣桑树颠”，这些平凡的乡间景象，在陶渊明笔下格外亲切温暖。四十多岁的陶渊明拿起锄头，“种豆南山下，草盛豆苗稀。晨兴理荒秽，带月荷锄归。道狭草木长，夕露沾我衣。衣沾不足惜，但使愿无违”。他也日出而作日落而息，辛勤劳动，希望能有好的收成，真正体会到了普通百姓的辛苦。他和一起劳动的乡亲们“相见无杂言，但道桑

◀ 图2 明清张宏《桃花胜概图卷》

麻长”，日常琐事和收成好坏成了大家的共同话题。

归隐之初，陶渊明有“方宅十余亩，草屋八九间，榆柳荫后檐，桃李罗堂前”，生活尚可，温饱不愁。他喜爱菊花，宅边院前遍植菊花；继续嗜酒，朋友来访，无论贵贱，只要家中有酒，必与同饮，饮必醉。他先醉，便对客人说：“我醉欲眠，卿自便。”江州刺史王弘崇拜陶渊明，登门造访，陶渊明称病不见。王弘侦知陶渊明将游览庐山，就叫陶渊明的故人亲朋带着酒在半道上拦住他。陶渊明既遇酒，引酌野亭，欣然忘记了登山。王弘适时出来相见，欢宴了一整天。陶渊明没有鞋，王弘马上让左右给他编一双鞋。左右要量陶渊明的脚，他就坐在那里伸出脚来让别人量。王弘邀请陶渊明去江州，陶渊明说：“我素有脚疾，

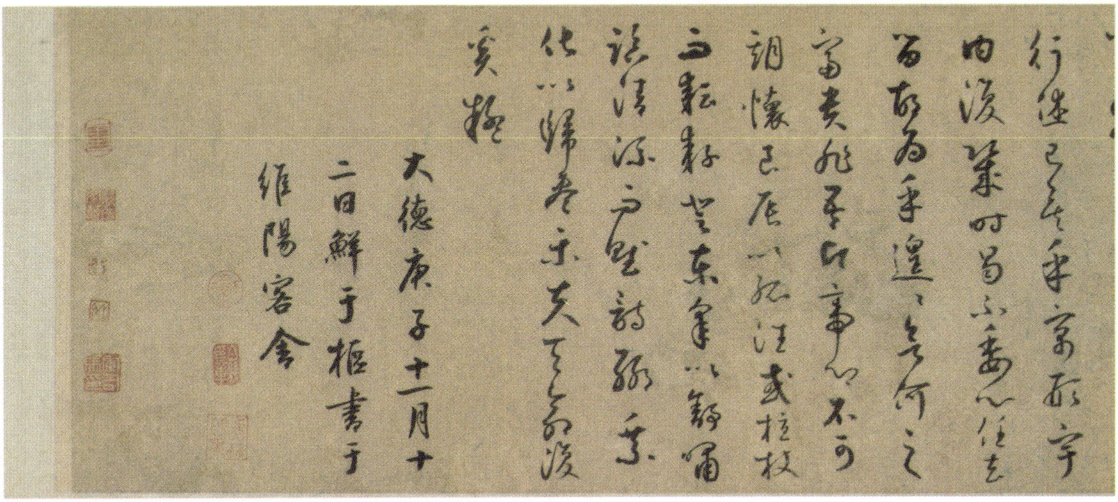

▲ 图3

以前是坐蓝舆的，现在也能走回去。”王弘就让一个门生和两个儿子把陶渊明抬到江州。面对王弘这样的权贵，陶渊明谈笑自若，丝毫没有趋羡权贵之意。

陶渊明在简单平淡的隐居中，创作了他最著名的作品、流传千古的《桃花源记》。那是陶渊明，也是千百万人的理想世界：“土地平旷，屋舍俨然，有良田美池桑竹之属。阡陌交通，鸡犬相闻。其中往来种作，男女衣着，悉如外人。黄发垂髫，并怡然自乐。……不知有汉，无论魏晋……”从此，桃花源，一个若有若无的仙境，成了中国文人心目中理想世界的代名词。千百年来，一代代后来者或苦苦追寻或刻意营造想象中的“世外桃源”。更有一代代崇拜者，力图证明桃花源是真实存在的，而不是陶渊明的虚构。

自然，桃花源也成了文人们一大创作热点。大都会博物馆藏有明清交替时期画家张宏的《桃花胜概图卷》（图 2）。那是又一段王朝更迭的乱世，估计又是一位清白自守的画家，构思了又一个理想的家园。

义熙四年（408 年）夏天，陶渊明那闪耀着夺目文化光辉的“方宅十余亩，草屋八九间”被一场无情的大火焚毁一空。陶家不得不迁居重新安家，家境每况愈下。为了养家糊口，陶渊明的劳动强度骤然加大，可即便终年辛劳还是生活窘迫。如逢收成好，陶家尚可以“欢会酌春酒，摘我园中蔬”，一旦遇上灾年则陷入“夏日抱长饥，寒夜无被眠”的困境。最后，陶渊明可能是把宅地给卖了，全家寄居在船上。到了晚年，陶渊明的生活更难以为继了，生活来源主要靠乞讨和借贷。有的朋友会主动周济他，有的就需要陶渊明亲自上门乞借了。

在最困难的时候，陶渊明依然一次又一次地拒绝朝廷的征召，哪怕是领取一份清闲的俸禄来改善自己和家人的生活。他对困窘的生活际遇淡然置之，仍然坚持写诗，继续歌唱自然，品味田园，钟情理想中的桃花源。

义熙末年的一个清晨，柴桑乡间的一位老农叩响了陶渊明家的柴门。他带酒来与陶渊明同饮，陶渊明欣然接受。透过从房顶和四壁漏处照进来的晨曦，老农看到陶渊明家徒四壁，无以为继，就劝他出仕：“褴褛茅檐下，未足为高栖。一世皆尚同，愿君汩其泥。”（世人皆浑浑噩噩，你为什么宁可栖身矮房破屋、衣衫褴褛，也不和他们同流合污呢？）陶渊明谢道：“深感老父言，禀气寡所谐。纡辔诚可学，违己讵非迷！且共欢此饮，吾驾不可回。”

几年后的宋文帝元嘉元年（424年），江州刺史檀道济亲自到陶渊明的草舍探访。此时的陶渊明已经又病又饿，卧床不起多日了。檀道济见状劝他：“贤者处世，天下无道则隐，有道则至。今子生文明之世，奈何自苦如此？”陶渊明说：“潜也何敢望贤，志不及也。”檀道济无奈，送给陶渊明许多粮食和肉，结果还被陶渊明“挥而去之”。

陶渊明是个孤独寂寞的隐者，不被同时代的人所理解。

元嘉四年（427年）九月中旬，陶渊明给自己写了《挽歌》组诗。

在第二首诗中，他自嘲死后可以“鼓腹无所思”，设想了死后“在昔无酒饮，今但湛空觞。春醪生浮蚁，何时更能尝。肴案盈我前，亲旧哭我傍”的情景。在第三首诗中，陶渊明说“死去何所道，托体同山阿”，平淡地迎接死亡的到来。冬天，陶渊明去世，享年 63 岁。

陶渊明及其作品在南北朝不为人所重视。唐宋之后，读书人开始发现几百年前的陶渊明是那么有代表性，那么前瞻地预示了文人的困境。他用生命营造出来的“桃花源”意境是那么能给人暂时的逃避和休憩，能给人无限美好的想象。于是，不管是入仕没有入仕，不管是得意还是失意，士人们纷纷附庸陶渊明，解读他的田园诗。因为没有文人能够逃脱现实和理想的巨大鸿沟，没有文人能从中找到两全其美之道，所以最终陶渊明成了一类文人的典范，成了中国历史的特殊符号。

▲ 元赵苍云《刘晨阮肇入天台山图卷》

前朝随韶华而逝

设色纸本水墨画《刘晨阮肇入天台山图卷》是一件恢宏巨作，高22.5cm，长达561.34cm。全画以白描的手法，分为十一个场景，场景之间穿插文字，讲述了一个瑰丽奇妙的东方神话。

画卷题跋写道："刘晨、阮肇，剡县人也，家世业儒，尤留意于医，尝飘然有霞表之气味。汉明帝永安十五年，二人携锄筥，往天台山采药焉！"

画家纪年有误，汉明帝并无"永安"年号，当为永平十五年，即公元72年。会稽郡剡县（在今浙江新昌、嵊州）书生刘晨、阮肇，入天台山采药。天台山为浙东仙山，位于今天的天台县城北，为曹娥江与甬江的分水岭。山中多悬岩峭壁、飞瀑清泉、隋梅唐樟、珍禽异兽，为景色绝佳之地。尤其是广布千米高山的云锦杜鹃，干如钩铁，枝叶繁茂。暮春时节，淡红、嫩黄的杜鹃花竞相开放，一树千葩，朵大而艳，花团锦簇，似锦若霞。东晋孙绰在《游天台山赋序》赞叹天台山"穷山海之瑰富，尽人神之壮丽"。仙山出神人，书生多故事，书生与仙山的遭遇，故事就此展开：

刘晨、阮肇流连采药，不觉入山既深，等到少憩将返，尴尬地发现迷失来路，在山林越陷越深，很快粮秣俱尽。刘、阮二人偶尔举目四望，看到山头有桃阿木樛然，果实累累，便爬上山去摘桃。那桃子异于寻常，两枚下肚，二人顿时觉得身轻体健。

刘、阮一心求归，山路越走越崎岖难辨，走到山麓处，见涧中水流潺然，清泠可可。二人掬水冷饮，洗涤双手和脸庞。正洗漱间，突然看到对山腹中有蔓菁菜，又有一个杯子顺溪水流出，里面残留有胡麻饭屑。二人相顾庆幸："此地离人家不远了。"

此间峦气滃郁，山色叠耸，仿佛人间仙境。刘、阮背起药筐，渡溪要去寻找人家。他们先用锄探水，水才深四尺许，二人撩起衣裳就过去了。走了一里余地，找到一条小径，再翻过一个山头，一条清溪又横在两人面前。溪流对岸，有两名绝色美女，貌若天仙。说来奇怪，两名美女齐齐挥手，呼唤刘、阮的姓名。二人渡溪前往，美女笑脸相迎，说："郎来何晚也！"刘、阮闻得意味和悦、香气袭人，开始还怀疑是狐媚妖怪，辨识了良久确信二女都是真人，才解除戒心。

两位美女邀请刘、阮到家，只见沿途山红烂漫、桃花醉人。行走三里余路，来到一处屋舍宽广、装饰不似人间的宅邸。左右侍女都穿青衣，样貌端庄靓丽，笑容如云。稍事歇息，主人家煮胡麻饭、山羊脯，两人品尝后觉得味道甘美。饱餐之后，刘晨、阮肇想询问女主人的家世，两人于谈笑之间避而不谈，刘、阮也不敢追问，只知道她们不是常人。奇怪的是，刘、阮没有发现家里有男子。不久，美女当庭设席，陈酒设肴招待刘、阮二人。觥筹交错之际，有数名客人手持三五仙桃，飘然而至，都说来庆贺女婿。刘晨、阮肇敬礼招待，几名仙客都着仙服，各出乐器演奏，肃雍和鸣，恍然如在天上。一家人欢宴到暮夜，仙客才纷纷散去。

二女邀刘、阮同宿同出，大约半月有余。刘晨、阮肇思家心起，透露返乡之意。两名美女恳请："您二人来此，都是积福所得。民间流俗难道有我们仙馆好吗？"两人遂挽留刘、阮住了长达半年。转眼春暖花开，山鸟哀鸣，刘、阮归心更切。两名美女感叹："你们业根未灭，才会求归。"于是，美女唤来其他仙女，鼓吹相送，还指点刘晨、阮肇从某洞某道出去不远，找到大道就能回家了。

二人果然找到了大道，回首看到桃花灿烂，远山含黛。回到家乡，刘晨、阮肇赫然发现乡间已经无一人相识，穿着打扮截然不同。乡亲们也以异样眼光视之，视同怪物。接触了解后，刘、阮惊讶发现世间已经过了七世。后世子孙纷纷诉说，祖上入天台山后不知所终。

刘晨、阮肇在乡间举目无亲，又漂泊无所，天堂与人间的巨大反差让他们感到疏离与不适，加之思念深山仙女，决心重返天台山。不料，山路已迷，不复当年所向。当时是晋武帝太康八年，即公元 287 年。二人的天台山奇遇，"耗时"214 年！

刘晨、阮肇寻路不得，在溪边徘徊良久，良人难觅、空余惆怅。惆怅的是仙境不复得、爱情不再温，惆怅的是世间已无故人、孤独无所倾诉。身拥神仙眷侣、坐享绝妙美景之时没有珍惜，想珍惜之时却寻路不得。人情世事好似低头所见的长流水，在你不知不觉间带走春花夏景，带走韶华光阴，一去不可复返。天台山因此留下了"惆怅溪"一景。

刘晨、阮肇的天台山奇遇，最早记载在南朝刘义庆《幽明录》中。"刘阮遇仙"成为六朝志怪小说中最脍炙人口的一个。之后，干宝《搜神记》、陶渊明《搜神后记》相继记载此事。我们有理由相信，刘、阮的故事是《桃花源记》的重要素材来源。之后，历代均有改编之小说、杂剧，咏叹的诗文、辞赋。天台山地区保留了采药径、刘阮庙、阮公坛等相关景点古迹。不少书画家也以此为题材题诗作画。大都会博物馆所藏《刘晨阮肇入天台山图卷》是目前发现的这一题材的最早作品。

刘、阮遇仙的故事，在悠久的中国传说谱系中激起了众多的回响。人间与仙界的美好邂逅又擦肩而过的故事，先民津津乐道。比如，牛郎与织女、王质入山烂柯、董永与七仙女、许仙白娘子断桥相会等，白居易的《长恨歌》也把结局寄托在美好的仙界。这些传说几乎渲染同一种情绪：美好的寄望被人神鸿沟彻底埋葬，主人公在失落与回忆中孤独等待……

元朝早期的一天，一位落魄的画家，端坐天台山间的茅屋之中，白描完长达数米长卷的刘、阮故事后，缓缓地停下画笔。窗外，肃杀的秋风开始光临萧瑟的大地，天台山草木丰腴的夏天已然过去，不可避免地走向寒冬。天台山最为著名的云顶杜鹃已经凋零……画家隐居山中多年，嗜酒常醉，另一大嗜好就是绘画。画家静静扫过窗外，猛地扭头，在画上署名“苍云山人”。

这幅刚刚完成的画作在流传之际，被装裱为画卷，华幼武、姚广孝、宋邕三人在末尾题写了跋文。最先落笔的同时代华幼武的题跋，透露了作者的信息。华幼武评价“刘阮天台图，意境萧散，神趣闲逸，曹衣吴带，设色妍妙，有诸家所不能及者”。他说画家出身宋朝宗室，属于皇室贵胄，其人性格“高奇嗜酒，绘事入神”。如果南宋不亡，画家可以度过小康平安的一生。可是人总是拗不过时代的变化，元灭南宋，天下易主。画家的境遇陡然大变，心里更是百味杂陈。故国绝无可能恢复，新朝又不是自己的国家，它的律令法规自己不愿遵守，它的价值观更是自己鄙夷甚至反对的。新朝的每一分钟都让这位前朝宗室抑郁，逃避便成了唯一的选择。画家来到了天台山，与世无争、淡泊自守。根据华幼武的记载，画家年轻时比同宗的赵孟坚、赵孟頫更有盛名，却终身不婚不宦，隐居于山林湖舫，几乎不为人知。即便有亲人前来串门，也无从得见一面。画家绘画造诣深厚，喜好画画，却不卖不赠，创作与流散都看心情，所以世人能得到画家的片帧半纸就极为庆幸。

画家的后半生与天台山密切相连，隐没于此，似乎也入土于此。他过着典型的“遗民”生活。所谓遗民，就是前朝遗留给新朝的人，他们身体在新朝，精神永远留在前朝。他不反抗也不配合，不入世也不出世，生命不是在游历山川，就是埋首故纸堆、著书立说。人生看似消极浪费，却有一份坚持：忠诚与价值观。他们本质上是前朝的，在延续着前朝的生命。移民们有时也会困惑，宝贵的年华一去不复返，交换的是虚无缥缈的前朝之梦，值得吗？可是，一旦遗民改变了立场，前朝便真正走进了历史的尘埃中。

遗民的核心价值，证明了世间并非人人都愿意做识时务的俊杰。有一些精神，永远比现世的成功更重要。

《刘晨阮肇入天台山图卷》在中国的道教史和文学史上也有着重大影响，人们对它有多种多样的解读。这幅作品何尝不是遗民心境的写照？身心分裂的画家一笔一画讲述刘晨、阮肇的奇遇，渲染他们最终的孤单失落，何尝不是在描绘自身的落魄与坚持？他们是如此，朱耷、黄宗羲、顾炎武等人也是如此。他们都是用这份落魄与坚持，来对抗残酷的现实、孤独的时代和注定失败的宿命。

世事如白云苍狗，变化无常，不堪回首；苍茫大地间，个人如一片孤独无依的浮云，不知飘向何处。《刘晨阮肇入天台山图卷》的画家署名“苍云山人”，后人合其姓氏名号，称之为赵苍云。《刘晨阮肇入天台山图卷》是赵苍云唯一的传世作品。

▲ 图1 清朱耷《莲塘戏禽图》

画尽一生孤苦

崇祯十七年（1644 年），明朝南昌人朱耷正好满 18 周岁。岁月送给这个年轻人的“成年礼物”是将他的人生血淋淋地撕裂为截然不同的两段。

朱耷的前半生充满灿烂明亮的憧憬。他是明太祖朱元璋第十七子、宁王朱权的九世孙，皇室贵胄出身。高贵的出身让朱耷从小接受了良好教育，加之聪慧好学，朱耷 8 岁时便能作诗，11 岁能画青绿山水，18 岁还考中了秀才。明朝宗藩待遇优厚，宗室子弟养尊处优，朱耷却能进学应试，像寻常人一样参与社会竞争，难能可贵。如果说有什么富贵痕迹的话，那就是朱耷学会了悬腕写米家小楷这种上流社会的“小炫技”。如不出意外，王孙公子朱耷将度过安逸顺遂的一生。

朱耷的后半生开始于甲申年三月十九日。当天，朱耷族谱意义上的侄子崇祯皇帝自缢身亡，明朝灭亡。不久清军攻破南昌，朱耷全家 90 多口人皆成刀下亡魂。所幸，朱耷当时与父母、弟弟深居山中，才幸免于难。王孙公子转瞬间成为前朝余孽，朱耷父子踏上四处流亡之路。次年，父亲患暗疾离世；顺治五年，朱耷的妻子、儿子又接连亡故。什么叫“国破家亡”？这便是。命运的悲凉孤苦，把朱耷硬生生推出了正常的人生轨道。

清军围剿前明宗室，即便投降的明朝藩王也惨遭杀戮。外有暴力高压，内有养家重担，朱耷身为兄长，奉母携弟“出家”，流荡到江西省奉新县耕香寺剃发为僧。此后，他折返于新建、南昌一带，不仅隐姓埋名，还进一步装聋作哑，潜居山野，以保存自己。顺治十八年，朱耷来到南昌城郊十五里的天宁观遗迹，眷恋此处山川，于是发心重建道院，并改名为“青云圃”。朱耷为僧十三载之后，由佛转道，成了一所道院的开山祖师。可见，宗教并不是朱耷真正的信仰，而是他的庇护所。宗教可以让朱耷不用剃发梳辫，在形式上都不用向新朝表示臣服。他更需要内心的清静安宁。相比读佛论道，朱耷更喜欢水墨笔画。

康熙十七年，朱耷 53 岁时，临川知县胡亦堂闻其名，请他到官舍“做客”。失去自由一年多后的某日，朱耷突然大哭大笑，手舞足蹈，癫态百出。他撕裂僧衣投入火中焚烧，独自走回南昌。官民传说：朱耷疯了！以后有豪强威逼他去府上作画，数日不让归家，朱耷便在厅堂之上拉屎撒尿，搞得豪强不得不放他走。朱耷戴布帽、曳长袍，履穿踵决，拂袖蹁跹，儿童随后哗笑。朱耷也不言不语，遇到旁人搭话，便以“哑”字示人。朱耷变“哑”的另一个说法是，他的好友、僧人澹雪因出言不慎，被官府抓进监狱，死在狱中。朱耷不得不装聋作哑。朱耷的父亲也是颇有名的画家，中年之后变哑不能言语。而朱耷的早年，据说是“善诙谐，喜谈论，娓娓不倦，尝倾倒四座”的翩翩公子，后半生却长年累月不发一言，这是何等悲凉？

可是，人的情绪总是需要宣泄的渠道，人的思想总是需要表达的载体。绘画就是朱耷与世界深度交流的方法。

朱耷擅长水墨大写意，主攻花草。后人看朱耷传世作品，第一感觉通常是“简陋”，硕大的宣纸上孤零零地立着一只鸟、一条鱼或者一枝枯梅，至多再加一两块凌乱的石头。可我们的眼睛不知不觉地被那只小鸟所吸引，迅速发现寥寥几笔酣畅淋漓，线条语言丰富，可以挖掘越来越丰富的内涵，非常人所能及。画面越简洁，线条越寥落，对画家的笔力、思想要求越高。朱耷做到了。其作品给后人的第二感觉是，画面平淡疏远。画中的鸟兽鱼虫都以白眼示人，有着拒人千里之外的疏远感，初看难免有所反感，继而略觉诙谐，最后敬佩画家的坚持与坦然。“白眼”是朱耷作品最显著的标记，是朱耷对喧嚣世俗的态度，是他对走向盛世的清朝的态度，是他理解的人与社会的态度。这是朱耷生活与心性的体现，他理解的生活，淡泊宁静，又应该有所坚持。“白眼向清天”是朱耷的风骨，也是他直面惨淡人生的勇气。

朱耷在水墨写意画、文人画领域承前启后，将中国画推上了新高峰。他充分发挥墨色浓淡、画面留白的作用，几笔就勾勒出含义深厚的作品。所画之物神形兼备，和他的思想观念融为一体。大都会博物馆所藏之《莲塘戏禽图》(27.3cm×205.1cm)是典型的朱耷风格的作品。全画元素略多，浓淡相宜，构图空灵流动，笔墨简约含蓄而又充满忧愤之情。画中禽鸟保持“白眼向清天”的状态。名虽“戏禽”，实为禽鸟在“戏人”；画中莲塘，荷叶残缺却不隐粗壮的经脉，莲花尚未盛开，却是自顾在石间在塘中肆意勃发，自有一番精彩。整个画面疏寥淡泊，冷逸逼人。它不是工艺画，更绝非讨好观众的画作。

朱耷的日常状态也是冷疏荒诞。他蓬头垢面，表现迟钝，徜徉于茶馆酒肆，喜欢饮酒，却无酒量，饮不满升就醉。醉时，大笔挥毫，十多幅画一气呵成。孤僧、贫士、屠夫、孤儿……无论谁向他索画，朱耷都有求必应，慷慨相赠。有人奉银求画，朱耷反而避而远之。凡人更多视之为残疾的疯子。

朱耷的画作上，前期常见一种奇特的签押，好似鹤形符号，其实是“三月十九”四字组成。那一天，是朱耷人生的分界线，是朱耷念念不忘的“心坎”。六十岁时，朱耷的作品中开始出现一种奇怪的署名，看似“哭之”“笑之”，细看是“八大山人”四字连缀起来，寄托他哭笑皆非的痛苦心情。也有人说，朱耷是将“朱”字拆开为“八”，“耷”字截上部为“大”，“山人”是他的生活状态：隐居山林做个干净简单的人。《莲塘戏禽图》左侧署名即是“八大山人”，可证这是朱耷晚年作品。“八大山人”逐渐取代了朱耷，成了他的代称，上升为中国美术史上一颗闪亮的明星。

当然，成为明星是后话了。朱耷生前作画“遣兴泼墨为画，任人携取”，起初大家也不觉得珍贵。因为谋生乏术，老年朱耷衣食无着，长期徘徊在饥寒交迫的边缘。徽州人程京萼，是一个能诗工书的成功儒商，欣赏朱耷的画作，登门拜访，发现画家生活堪忧，于是上演了一出戏。第二天，程京萼向朱耷投笺索画，并预留重金。程京萼教朱耷把自己的买画信张贴在墙壁的醒目处，信笺云：“士有代耕之道，而后可以安其身。公画超群轶伦，真不朽之物也；是可以代耕矣。”他的广告策划相当成功，旁人见而大哗，争相购画，造访者陆续登门。朱耷商业卖画，从结交程京萼开始。

朱耷最大的“书画经纪人”是徽州府歙县商人方士琯。方士琯也是读书写字的儒商，代销朱耷字画近二十年之久。在现存朱耷写给方士琯的三十二封信札中，两人讨论好友往返、借钱求助、索药问医、谢赠事宜，朱耷书写放松，札中使用行书，字体大小错落，笔法灵动，与他作品中的书法有较大区别。大都会博物馆就藏有《朱耷致方士琯书》（图 2），讨论的就是一位从建宁来的客人，呈现了一个与冷淡疏远不同的常人朱耷。

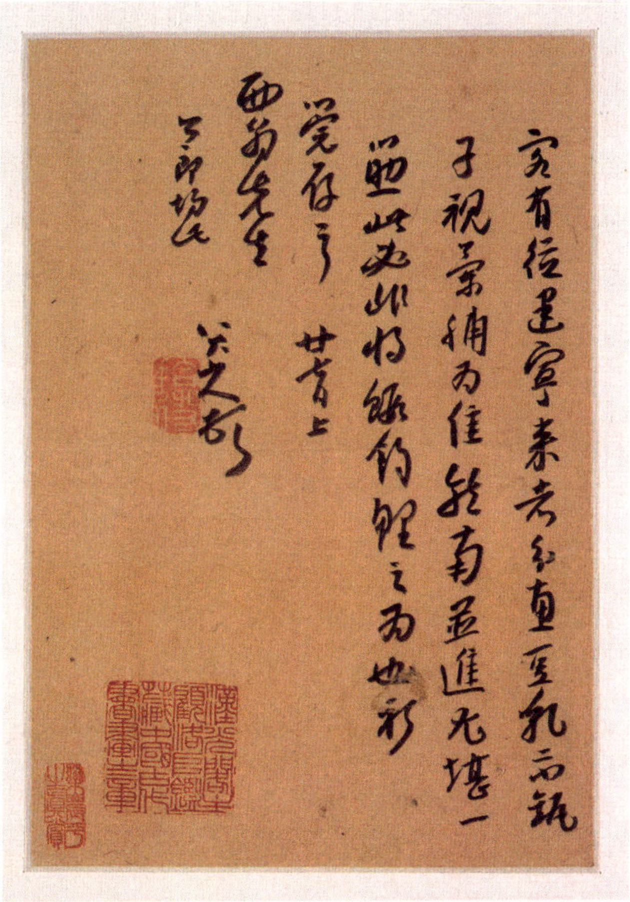

▲ 图2 朱耷（八大山人）致方士琯书

虽然有代理人，朱耷的生活还是近乎赤贫，晚年在南昌城郊搭了一所草房，在其中度过了他孤寂、贫困的晚年，直至去世。有客人造访晚年朱耷，“其翰艺大非时俗比。但亦贫，以书画为生活，不得不与当事交，亦微憾耳”。朱耷在自题诗《题画寄呈梅野先生之作》中说：“传闻江上李梅野，一见人来江右时。由拳半百开元钞，索写南昌故郡词。”他的作品大约是每幅五十文，当时“河水一担值三文”，相较可见朱耷晚年书法的真实售价。虽然作品得到了不少的好评，但是售价不高，这也许是朱耷晚年生活贫困的主因。如今，朱耷传世作品拍卖价动辄千万乃至过亿。一个白眼价值千万，不知朱耷泉下是否又以“哑”示人？

朱耷自评画作“山河仍是旧山河，墨点无多泪点多”，满屏都是惨淡的人生和孤苦的心境。他的水墨写意画艺术，受到了广泛的推崇和追捧。朱耷在世时“佯狂装哑，哭笑杯酒，游戏笔墨，以消磨劫后生涯，人目为狂，而不知其内心之悲苦”，他身故后好评如潮，画家争相以朱耷传人自居，观者纷纷走进朱耷的内心，以解读其人其画为荣。朱耷的境遇，可与西欧的凡・高类比。

山河仍是旧山河，唯独多了个冷眼旁观的老遗民。大约是 1705 年，朱耷的生命消逝在帝国的茫茫人海之中，如蝼蚁般悄然无声。朱耷本以为自己一肚子的幽怨哀愁和不合时宜的固执，会在岁月飞逝中散得无影无踪，不料在黑白水墨中得到了永恒。

画家的价值

康熙三十三年（1694 年），年过半百的画家石涛客居真州（今江苏仪征）。

风光绮丽、人烟阜集的真州给予命运多舛、漂泊半生的画家莫大的精神抚慰。他留恋在江南山水、吴侬软语之中，读书写作、作画会友，还参与友人园林的营建，迸发出了蓬勃的创造力。这是他喜欢的生活状态，他也创作出了自己喜欢的作品。大都会博物馆所藏一套《归棹》册页，就是石涛在真州时期愉快轻松的状态的反映。棹是船桨的意思，归棹指的是驾船而归。这两个古代常用字的组合，册页未启，文雅清新之气扑面而来。

《归棹》册页纸本，共 24 页，12 对开，每开书画并页，右为画幅，左为书法对题。每幅约为 16.5cm×10.5cm。翻看册页，就是跟随石涛游山玩水、赏花饮茶的过程。第一开，秋高云淡，落叶萧疏，层林叠叠，一桥横跨溪岸，一叶小舟从远方淡然归来，一小人站立船头。岸边的山崖之上隐约点缀一小亭，丰富了画面层次与内涵。左侧书法题云："落叶随风下，残烟荡水归。小亭倚碧涧，寒衬白云肥。"（图 2）基本上是"配图说话"。这第一开就对应了"归棹"的主题。

▲ 图1 清石涛《归棹》册页

第二开是梅竹图，一枝枯梅以渴笔勾出，配以浓墨竹枝，层次分明。左侧书法题为："初试一朵两朵，渐看十田五田。落日霞明远映，与余笔墨争先。"第三开为山峰挺立，上有几株枯树，古拙苍莽。本开，石涛以渴笔干墨画成。左侧书法题诗一联："山高秀色寒，白云飞不白。"第四开是兰花图，石涛以淡墨工笔画兰花，辅以稍浓之墨勾勒，显出兰花的晶莹剔透、冰清玉洁特质。此开完全可称兰花画法范式。对应书法是："同心之言，其臭如兰。如兰之意，其合永欢，子宜佩之，保护春寒。春风寒兮，谁谓乎安。”书法仿三国钟繇之法，参差错落、稚拙可爱。

第五开是册页的高潮，远山含青黛、近水横芦苇，中间是一个文秀书生，前倾身子划桨，旁边横着一柄钓竿。全画大片空白，不着一笔，天地辽阔，人生独行；孤零零的书生全神贯注地向前赶路，船尾的波痕透出速度之快。“路在何方”是题中之义，画面没有解答。左侧册页以浓墨书法写道：“潦倒清湘客，因寻故旧过。买山无力住，就枕索拳宁。放眼江天外，赊心寸草亭。扁舟偕子顾，而且不箪丁。”书法之后有画家的注释：“停书之过，登舟故尔。白沙江村留别，枝下人写。”原来，书法第二句“因寻故旧过”应为“因寻故旧停”，为什么写错呢？“登舟故尔”。有人根据书法第一句，将此开定名为《潦倒清湘客》；也有人说，此作是

▲ 图2

画家自画像。书生驾一叶小舟，无处可固定、无处可停留，无所归依，颠沛流离，几乎是画家寂寞愁苦人生的写照。不论这是不是画家自画像，石涛显然对他着力颇多，书生面部轻轻地抹上了肤色，使他看起来更真实、更温暖。所谓，哪怕人生之途再寂寞无依、愁苦无助，也要对自己温柔以待。这是册页第一处涂上颜色的地方。

第六开，采莲舟中。这是一幅减笔画，用白描法，几笔就勾勒出荷叶绽开、莲蓬妖冶，还有那小荷才露尖尖角。左侧书法与绘画采用同样笔法，墨淡笔轻，有飘飘欲仙之韵："花叶田田水满沟，香风时系采莲舟。一声歌韵一声桨，惊起白云几片浮。白沙江村采莲，舟中写意。"此开书法开始工整稳定，后来逐渐放纵。第七开，深山中有一处荒亭。画面上重下轻，山体厚重，在清泉荡漾中现出。左侧书法为："荒亭岑寂荒山里，老树无花傍水矶。饭后寻幽偶到此，十分寒苦惨斜晖。"透露这是作者寻偶探访写真所得。书法看似上紧下松，东倒西斜，却极富韵味（图3）。

第八开是菊花图。书法为："九月寒香露太真，东篱晚节可为邻。从来天地无私运，梅菊同开一样春。九月梅花二首之一。"第九开为暮春山景图，天气尚未转暖，新芽刚刚露头，一人徘徊树下。书法为："新长龙丝过屋檐，晓云深处露峰尖。山中四月如十月，衣帽凭逆冷翠绘。"左侧书法只占小半页面，大半空白。第十开画枯木丛筱。左侧为："此帧拟李营丘，而有别意，美人素质，澹妆流丽，漫尔效颦，不免气缩。"虽说是枯木，却轻秀、淡丽。第十一开画秋山景。石涛用枯笔皴擦法，苍莽豪放的山林，高远清旷的秋色，配上淡淡色彩。书法是隶书："山色苍苍树色秋，黄云欲碎背溪流。苦瓜客舍消闲笔，画法应愧老贯休。"

第十二开是水仙图，在白描线条的淡淡晕染之中，几枝水仙清丽出尘，暗香飘荡。左侧书法题："君与梅花同赏，岁寒时许争夸。暖日晴窗

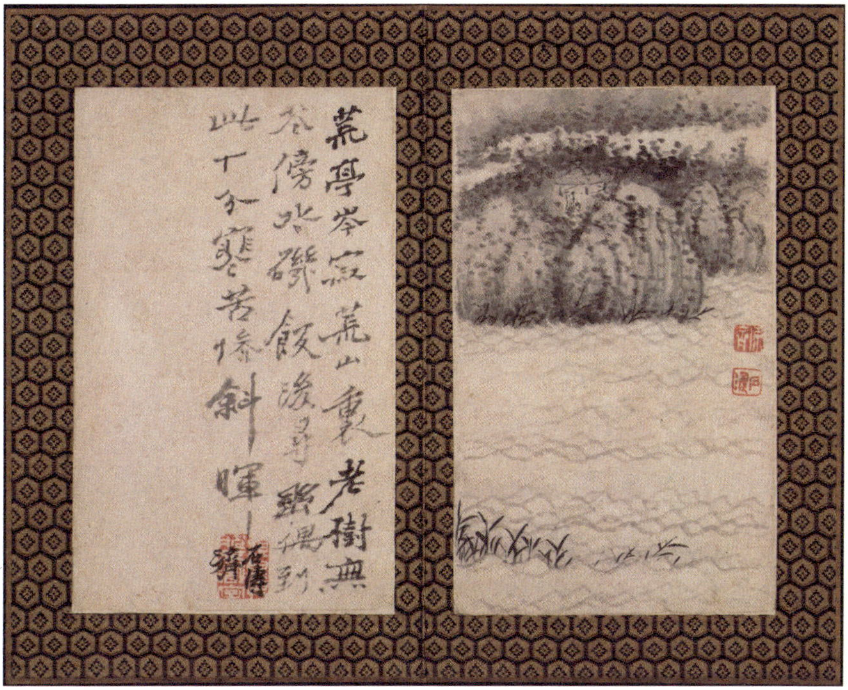

▲ 图3

拈笔，几回清思无涯。”画家以兰花结尾，看似随意，或许是他对人生旅途的答案。首先，兰花是中国传统文化中“以物喻情”的代表性物品之一。兰花清雅幽香、不枝不蔓，中国人视为高洁典雅的象征，以“兰章”喻诗文之美，以“兰交”喻友谊之真，也有借兰花来表达纯洁的爱情，“气如兰兮长不改，心若兰兮终不移”“寻得幽兰报知己，一枝聊赠梦潇湘”。兰花与“梅、竹、菊”并列，合称“四君子”。梅花在冰雪严寒中，开百花之先，独天下而春，高洁坚强；竹子未及出土便有节，及至凌云尚虚心，气节凛然；菊花“我花开后百花杀”，傲雪严寒，寓意坚强、吉祥、长寿。此外，蝉、玉、藜杖等都被传统文化赋予了高洁寓意。回到兰花，它既寓意品格高洁，又有一股与世无争的清香。世事如流水，我自香如故。

这或许是石涛思索后的人生态度。

《归棹》册页的用印很多，有石涛、原济、石道人、释元济印、清湘道人济、清湘小乘客济、前有龙眠济、瞎尊者原济、苦瓜老人济、苦瓜和尚、苦瓜和尚济画法、头白依然不识字等，都是石涛的化名、艺名。每一个名字，都是某一个时间段的石涛心境。名字之多，折射石涛人生之多变。

石涛本名朱若极，与稍早的八大山人一样，是朱明宗室后裔。石涛的父亲是末代靖江王朱亨嘉。朱亨嘉在明亡后，身穿黄袍，南面而坐，自称监国，事败后遭锦衣卫缢杀。石涛在清朝看来是前朝余孽，在明朝看来又是篡逆野心家之子。父亲被杀后，石涛只有三岁，托存于太监侥幸逃生。长大后，石涛只有一条现实的道路可以选择：削发出家。出家后，石涛名号多且怪：元济、原济、道济、苦瓜和尚、零丁老人、济山僧与瞎尊者，等等。“石涛”是他使用最多的字号，后世多以此呼之。

石涛早期，住锡安徽宣城多年，是“黄山画派”的重要代表；后半世云游四方，以卖画为生。和八大山人类似，石涛也非真正信仰佛教，托庇存身而已，身处佛门却心向红尘。他富有绘画天赋，早年师法宋元诸家，博采众长，画风疏秀明洁；中期清新秀丽，潇洒飘逸，同时题材多变、按需而变——毕竟要卖画为生。虽然与清朝有国破家亡之仇，石涛却积极靠拢现世权贵。康熙皇帝于在位二十三年、二十八年两次南巡时，石涛分别在南京、扬州接驾，并山呼万岁，敬献作品，自称“臣僧”。其中康熙二十八年（1689年），石涛第二次恭迎圣驾，康熙帝居然当众呼出石涛之名。石涛受宠若惊，特作《客广陵平山道上接驾恭纪》七律二首纪念这个荣耀时刻。诗云：

无路从容夜出关，黎明努力上平山。去此罕逢仁圣主，近前一步是天颜。松风滴露马行疾，花气袭人鸟道攀。两代蒙恩慈氏远，人间天上悉知还。

甲子长干新接驾，即今已巳路当先。圣聪勿睹呼名字，草野重瞻万岁前。自愧羚羊无挂角，那能音吼说真传。神龙首尾光千焰，云拥祥云天际边。

诗句感情真切，石涛对皇上感恩戴德，且对躬逢盛世引以为傲。同时，石涛还意犹未尽，绘制了《海晏河清图》，歌颂康熙盛世。迎驾后，石涛感觉可以在权贵场中谋取更大的名利。他北上京师，广泛结交达官贵人，与他们书画唱和。讽刺的是，权贵们仅仅把他当作一名会画画的和尚而已。石涛度过乞食豪门的几年光阴后，终于意识到此乃自取其辱，自己终归是权力场的圈外人。画家的价值，不应该也不会实现在京师。康熙三十一年（1692 年）秋，51 岁的石涛买舟南下，冬日到达扬州。浪迹天涯大半生的画家选择定居此地，直至十五年后病故。

世上攀附权力的人很多，但画家石涛只有一个。

在扬州的晚年，石涛全心投身艺术创作，进入了最为纯熟、最为旺盛的创作高峰期，成为同时代作品最多、著述最丰的画家。这是积极入世后看破红尘、望尽荣华富贵后归隐，是一个皇室贵胄出走半生，回归内心的舒适。事实证明，画家的价值在宣纸与笔墨，在传承艺术、表达内心。石涛的绘画天赋注定要在艺术领域大放异彩。他的画风转向沉稳朴实，画的花卉纯洁清香、人物古朴拙趣，画作不受束缚，恣肆洒脱。后人推崇石涛为古代文人画的集大成者，现代美术的起点。

大都会博物馆所藏《归棹》册页风格多变，越小而越见功力，是石涛晚年册页小品精品，凝结着一个天赋横溢的画家入世又出世的思考。

扬州的郑板桥

科举时代，学与仕合二为一。儒生出身的官员们，既是辖区的父母官，又是文化的研究者和艺术的创作者。文化素养是他们的底蕴，而官员身份为他们的研究创作提供了物质基础和便利条件。儒生的另一大底蕴是积极进取的入世精神和仁义爱民的执政思想。如果说文化底蕴丰富他们的生活，那么政治抱负往往让他们陷入两难。

历来挣扎在政治和理想之间的儒生官员不在少数。其中的权衡选择，塑造了不同的人生。有的人回避了理想抱负，与政治现实妥协；有的人彷徨之后，选择做个真正的读书人，不辱没圣贤教诲。后者之中，在清乾隆前期多了一个代表人物：郑燮（1693—1765）。

乾隆十七年，潍县已经饥荒多年，知县郑燮之前以工代赈、严禁囤积居奇，不仅自己捐出收入还号召本县富户捐资赈灾。这些措施治标不治本，郑燮觉得根本之法还是打开本县的官仓放粮。可是，放粮需要层层申报上司，不然私放官粮的罪过很大。是等待公文消耗在文山会海之中，还是先斩后奏及时放粮？郑燮陷入了深思。

郑燮，江苏省兴化人，诗书画俱佳的一代才子，作品多以号署名“板桥”，后以号传世，世称“郑板桥”。郑板桥在乾隆元年即考中进士，分发山东省任实职知县十二载了，是不是政绩卓著他没有把握，但自问勤政努力、清廉爱民。可悲的是，他感觉自己和上司同僚之间总堵着一层说不清道不明的隔阂。郑板桥常常微服“陇上闲眠看耦耕”，以致“几回大府来相问”，找不到他的人影子。上司没有说什么，郑板桥也没觉得自己有错。因为文名在外，包括山东巡抚在内的上司都曾向他索求书画，郑板桥总是以擅长的竹子相赠，喜欢题诗：“衙斋卧听萧萧竹，疑是民间疾苦声。些小吾曹州县吏，一枝一叶总关情。”这是郑板桥在县衙门卧听雨声的所感所悟，他以此自我激励。但是，他感觉拿到赠画的上司们的表情都很微妙。管他呢，心心念念受灾百姓的郑板桥，决定先放粮，救人要紧。

于是，放粮事件引爆了郑板桥与官场的矛盾，导致他挂冠而去。从此，官府中少了一位七品芝麻官，中国美术史上多了一位巨匠。

郑板桥家境贫寒，为官清廉，辞官后面临养家糊口的现实难题。他沿着运河南下扬州。雍正元年，三十岁的郑板桥因生活所迫，曾在扬州卖画多年。三十年后，郑板桥决定重操旧业。

之前，郑板桥卖画还遮遮掩掩，托“风雅”之名行谋生之实。如今，他仕途无望，年过花甲，黄土埋了半截，也没必要犹抱琵琶半遮面了，干脆大大方方地向市场开口要钱。他制定《板桥润格》：“大幅6两，中幅4两，小幅2两，条幅对联1两，扇子斗方5钱。凡送礼物食物，总不如白银为妙；公之所送，未必弟之所好也。送现银则心中喜乐，书画皆佳。礼物既属纠缠，赊欠尤为赖账。年老体倦，亦不能陪诸君作无益语言也。”书画买卖，本质是市场行为，大家直接干脆，反而有利于买卖开展。如此开诚布公的“润格”，极可能是中国历史上头一遭，郑板桥的率真、可爱可见一斑。

▶ 图1　清郑燮《墨竹图》

郑板桥一生最喜兰、竹、石，自称“四时不谢之兰，百节长青之竹，万古不败之石，千秋不变之人”。人与它们有相通之处，兰竹石代表顽强、坚韧、正直和光明磊落等特性，这些何尝不是个人渴望拥有的品质？三者之中，郑板桥最爱也最精通的是竹子，竹子气节凛然、刚直挺拔、苍劲豪迈、生命力顽强，他理想的人也应如此。

大都会博物馆藏有郑板桥的《墨竹图》（纸本，140cm×39.4cm）。画面主体是一粗一细两株竹子，右边斜着一段竹枝，竹节突出、剑叶勃发，都是一笔而成，毫无拖沓、飘逸稳健。画作上部三分之一留白，左下方有人称“乱石铺街”的“板桥体”题画诗：

一二三枝竹竿，四五六片竹叶。
自然淡淡疏疏，何必重重叠叠？

本就淡疏有致的竹叶，何必重叠在一起呢？郑板桥借物喻人，通过咏叹劲竹表达了自己不随波逐流的态度。郑板桥更有名的墨竹题画诗是：“咬定青山不放松，立根原在破岩中。千磨万击还坚劲，任尔东西南北风。”不管外界如何变幻，我自坚持值得坚守的品质，自然刚直。

《墨竹图》是郑板桥代表性的画作。大都会博物馆还藏有郑板桥的《兰竹图卷》，长度达到了惊人的374.7cm，是郑板桥传世作品中罕见的巨幅作品（图2）。这些作品应该都是郑板桥在扬州时期的“商业作品”。

清朝的文人是不幸的，也是幸运的。不幸在于秦朝以来的君主集权专制制度发展到清朝已然登峰造极，官僚集团固化严重，与郑板桥同类的文人日益陷入理想与现实的纠结之中，再饱满的理想抱负终将面对冰冷的现实，不愿意投降现实的文人几乎没有退路。专制权力日渐渗透社会、

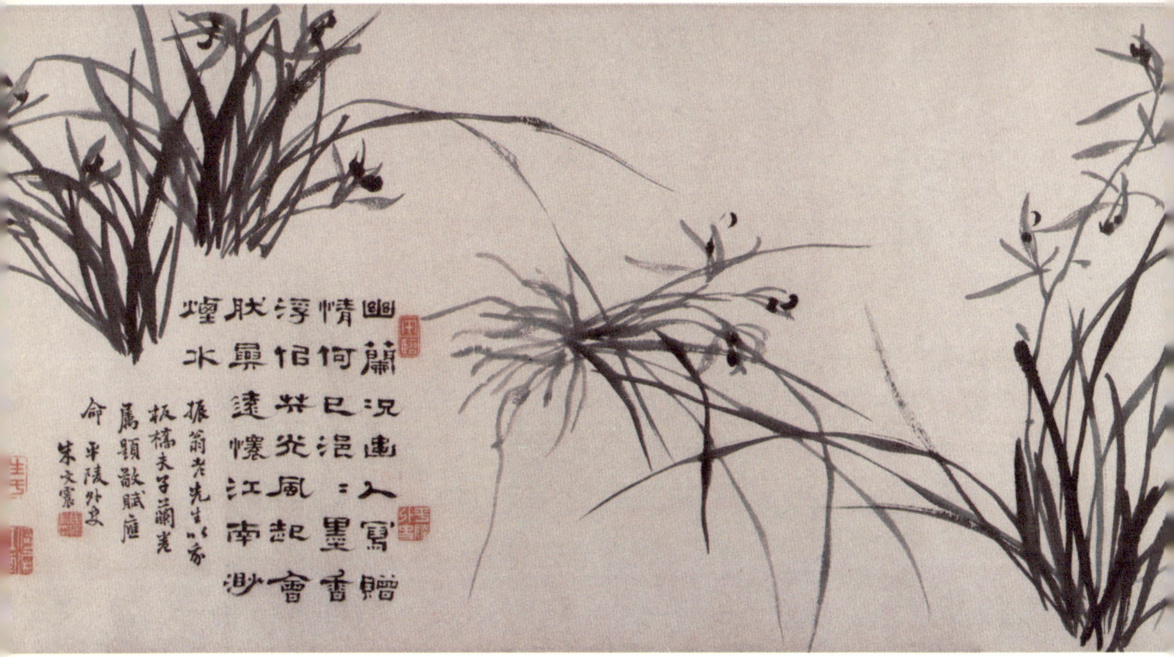

▲ 图2 清郑燮《兰竹图卷》（局部）

经济、宗教各个领域，不愿“入场者”退无可退。退隐山林、削发出家也许是反抗残酷现实的务实选择和主要的渠道。但是，并非所有人都有这样的觉悟，愿意逃遁到寺院道观参佛悟道。如今，固执的书生们在官场和寺院之外，有了第三条出路：以文谋生。

郑板桥在扬州的谋生之道，显然比在潍县的官宦生涯要成功。乾隆朝前后的扬州活跃着一批画家，他们几乎都出身贫寒，无望进入官场或退出官场。郑板桥只是其中一员，其他著名的书画家还有罗聘、李方膺、李鱓、金农、黄慎、高翔和汪士慎等。他们八人合称“扬州八怪”。扬州为他们提供了对抗现实不如意、实现个人价值的平台，扬州自己也迎来了最为辉煌的时刻。

扬州，一座枕靠长江的千年古城，在隋朝之前还只是长江沿线比较出众的城镇之一，与江陵、武昌、浔阳、金陵、镇江等并列，繁华度和重要性甚至不如后者。扬州的发展得益于隋朝开通大运河。大运河极大促进了商贸，不仅是因为增加了水运通道，更是因为大运河是南北水道。之前，中国多东西水道，譬如长江、黄河与珠江，东西同纬度，物产基本相同，缺乏大规模交换的需求。如今，第一条南北水道的开通，将不同纬度的物产交换需求激活，顺带提供了便捷低廉的交换途径。因此，大运河是真正的商贸之河。扬州地处长江和大运河的连接口，得天独厚地占据了南北和东西的双重便利。直到近代铁路取代水运重要性之前，扬州一直捧着“金饭碗”，以经济繁荣而著称史册。

隋炀帝下江南，目的地都是江都（扬州）。那里有运河、有昙花，有满足他对繁华想象的一切。唐时，扬州已然是“淮左名都，竹西佳处”，富甲天下。时人有“扬一益二”之称（益州即今成都）。作为长江第一都市，即便没有政治因素加持，扬州也是中华帝国首屈一指的大都市。明清时期，扬州增加了一大新利好：主管全国最富庶的两淮盐区的盐运使衙门设置于此。大批盐商闻风而来，最直观地携来大批白银资本。此地成了中国河运、漕运和盐务中心。扬州财富甲天下，商贾大盛，人口拥挤。官吏、盐商、漕丁、三教九流济济一堂，牙行、祠堂、书院、勾栏瓦肆林立城乡。经济和社会的发展，带来了文化兴盛。文人雅集、资源汇集扬州，文化中心紧随经济中心确立。

富商大贾的生活需要添置艺术品，富裕起来的城市平民阶层，也购置书画悬之室中，成为扬州的风尚。字画需求大增，养活了大批书画家。《扬州画舫录》记载，清朝扬州稍有名气的书画家就有一百数十人之多，声名最显赫者当数“扬州八怪”。从康熙末年八怪崛起到嘉庆四年，八怪中最年轻的罗聘去世，扬州八怪存续近百年。百年间八人绘制了无法确数的作品，如今传世的作品尚且数以千计。

有人或许担心，富庶大都市的市场需求，会不会抹杀书画家的艺术特点，把艺术品都塑造成千篇一律的标准件？这种担心是多余的。市场需求不像想当然的那般简单粗暴，市场有自己的追求与品位；社会的艺术审美和价值评判标准始终“在线”，不会要求整齐划一，更不会强制推行固定标准。而艺术需要迎合市场，但不是服从市场，相反要引导市场的发展、提升市场的审美。所以，繁华的扬州并没有“改造”书画家，反而是提供了他们创作的土壤。郑板桥等人都不是媚俗之人，更不是市侩之人，反而始终勇于创新、打破传统，各自风格独具。诸人在世俗社会眼中还属怪异，没有契合大众标准，才得名“八怪”。大众虽然不见得真正理解他们，但容忍他们的怪，欣赏他们的作品。这就够了。

郑板桥幸运地赶上了有扬州的时代，能够生活在扬州城。它证明，一个蓬勃发展的社会是艺术生存的优质土壤。

第六章

生活在古代的中国

宗族的强健，源于每个中国人对家族的渴望和呵护。我们努力把自己留在家里，“锦城虽云乐，不如早还家”，尽力为家庭付出，最终成为神位像中的一员，接受后世的祭拜。宗族和身份，塑造了中国人的人生轨迹。

▼ 图1 五代老子铜坐像

世俗的宗教

鲁迅先生于1918年给许寿裳的信中说："前曾言中国根柢全在道教，此说近颇广行。以此读史，有许多问题可以迎刃而解……懂得此理者，懂得中国大半。"鲁迅将道教提到如此高度，着实是因为道教在中国历史和传统文化中扮演了非常重要的角色。

道教得名于自身的理论基础——源于春秋时代的道家思想。道教思想糅合中国人自古崇信的多神崇拜，以及春秋时期盛行的长生不老追求，在中国的土地上衍生出了自己的宗教。

大都会博物馆藏有多尊道家思想的创始人老子的塑像。年代最古老的是五代时期的老子铅铜高坐像（图1），高24.1cm，宽11.4cm。老子鹤发童颜，淡然自若，左手抚膝，右手平举面向观众，似乎在侃侃而谈。老子，姓李名耳，字聃，曾做过周朝管理藏书的小官，以思想闻名于世。老子述而不作，晚年西去归隐，为函谷关守将挽留，留下五千余字的作品，后世名为《道德经》或《老子》，是他唯一的作品。老子将"道"视为世间万物的本源，道生万物，具体实践则主张自然无为、修身养性。糅合后的道教的主要宗旨有三：追求长生不死、得道成仙、济世救人。

道教的思想，本质还是立足当下，服务现实需求的。它少有其他宗教对彼岸世界的关怀，用对现实世界的理解来构建臆想的彼岸世界。和其他宗教相同的是，乱世带来的痛苦与迷茫，助推了宗教的传播扎根。道教在汉末三国时期正式成形，于南北朝时取得长足发展，这都是两大公认的乱世。中国古代有数次灭佛运动、禁止基督教传播，唯独道教逐步稳健发展，得益于道教的基因是中国的，它契合了最大的国民性格：务实世俗。

譬如，道教的神仙信仰系统是最世俗的。道教以道家创始人老子为教祖，尊为太上老君，以玉皇大帝为众神之神（玉皇大帝同时是儒家的最高神灵——昊天上帝，还是民间信仰的最高神——天。民间称其为上天、苍天、天帝、天公、老天爷等），同时积极“收编”民间俗神、帝王将相乃至区域性传说人物，将越来越多的神灵纳入本教神仙谱系。道教吸收民众的日常生活、民间信仰内容，将其改造后重返民间，以此影响民间信仰的作用更为有效与深刻。三百六十行约定俗成的祖师爷，都被收编为了道教神仙，如票号业赵公明、梨园行李隆基、纺织业黄道婆、豆腐坊刘安等。同样受“收编”的还有地域性俗神，如东北五大仙、镇江三茅真君、苏州张吴王、漳州开漳圣王、潮汕三山国王、海南冼夫人、香港黄大仙，等等。他们或是历史人物，或是虚实难辨的神祇。供奉太上老君、玉帝、真武、文昌、关帝、吕祖、妈祖、财神、城隍、土地等眼花缭乱的神仙的宫观祠庙，星罗棋布于中国的街巷里弄、乡村田野。

道教神仙系统充满烟火气。比如，文昌帝君掌管功名利禄，大魁星君司职考试功名，又有天官赐福、地官赦罪、水官解厄，这些“幸运神”显然能满足人们不同需求，深受教内外欢迎。大都会博物馆还藏有明代绢本《道教神灵图卷》（图 2），描绘了当时的道教神仙队伍。这些神仙演化出来的信仰纪念、节日习俗、娱乐庆典乃至方术仪式，深深积淀在民俗之中。我们国家的民俗基本上由道教统治，很多时候难以区分哪些是道教活动，哪些是纯粹的生活习惯。

▲ 图2

道教及其人员深深嵌入各行各业。道教天人合一思想、风水堪舆道术影响了中国传统建筑和人们出行的方方面面；道士炼丹时阴差阳错发明了火药，同时推动了冶炼技术的发展，促进了机械制造的进步……道教还为酒、水泥、颜料等制作做出了贡献，谁能想到中国特产美食豆腐竟然是西汉淮南王胡乱修炼的副产品。

世俗的道教，在权力谱系中的传承也很幸运。李唐皇室认老子李耳为先祖，追封老子为大道元阙圣祖太上玄元皇帝，奉道教为国教。道教在唐宋时期迎来了大推崇、大发展。宋元交替时，道教全真龙门派得道真人丘处机以 74 岁的高龄，自山东西游 35000 里，在中亚“巧遇”一代天骄成吉思汗，成就了“一言止杀”的佳话。成吉思汗拜之为国师，全真教随之迅速壮大，成为最大的道教派系。明朝诸帝继续尊崇道教：明太祖朱元璋推崇城隍和土地安定地方的作用，在各州县修建了成千上万座城隍庙和土地庙；明成祖朱棣自诩为真武大帝再世，极为尊崇全真道士张三丰及其门派，大力修缮道教名山武当山；明世宗嘉靖皇帝以奉道为首务，躲进深宫几十年如一日热衷方术、修炼丹药，误国之余客观助推道教登峰造极。

权力对道教的宽容接纳、推崇提倡，根子上是为道教思想所吸引。道家内圣外王、清静无为的思想被国人认为是治国修身的原理。统治者相当程度上相信休养生息、轻徭薄赋、垂拱而治是导向治世的正途；道教上善若水、平静自然等思想观念，塑造了国民含蓄谦让、包容开放的性格。道教为耕耘者、隐逸者、失意者都能提供生活和心灵的庇护。这些也都是权力所有者乐见的。一个植根深厚的宗教，与权力的融洽关系是不可或缺的充分条件。

“中国根柢全在道教。”一个世俗的宗教，在一个世俗务实的民族中得到了扎实发展，相互成就，塑造了今日的景象。

关羽封圣之路

中国最普及的两位俗世偶像，恰好一文一武。在贴满道府州县、高堂楼榭的图像中，文的那位便是孔老夫子，武的偶像则是关公关羽。关羽在普及程度上要胜过孔子一筹。每个县的文庙、每家私塾都有孔子像，士大夫家里也可能有孔子像，只此而已；关羽庙则不仅每个州县都有，更是遍及乡间地头。油菜花掩映的垄头，河床石头搭建的简陋石龛里就供着一座关公；掌柜会带领即将远行的商队集体拜关公，因为关羽是他们的财神；就连地痞流氓斗殴干架之前，都会叩拜一下关老爷，仿佛虔诚能够分享关羽的神勇威武。可见，关羽崇拜已经无关阶层、地域和身份地位，忠义遍九州，祠堂满天下。

拜《三国演义》及诸多著作戏曲所赐，关羽在人们的眼中是忠义的化身、是勇武的代表。其一出场，就是与刘备张飞“桃园三结义”的经典场景。刘关张三人情逾兄弟，颠沛流离，不离不弃，情义深重感天动地。关羽真正的高光时刻开始于十八镇诸侯讨董卓时“温酒斩华雄”“三英战吕布”。刘备徐州兵败，关羽与曹操“土屯约三事”“降汉不降曹”“夜读《春秋》”，恪守义礼，降汉不降曹。白马之战“斩颜良诛文丑”，报答曹操后，关羽“千里走单骑”，过五关斩六将，斩蔡阳兄弟释疑，终于在古

▲ 清《监门关圣帝君图轴》

城刘关张三兄弟再聚义。赤壁之战时，关羽在华容道“义释曹操”。刘备称王后，关羽官拜“五虎上将”之首，发起襄阳战役，“刮骨疗毒”后“水淹七军”，斩庞德擒于禁，威震华夏。凌厉攻势逼迫曹操一度要迁都河北，放弃黄河以南地区。令人扼腕的是，关羽与盟友东吴关系紧张，“单刀赴会”和平分荆州后，孙刘两家矛盾始终存在。关羽大军北上，吕蒙白衣渡江袭取荆州，关羽腹背受敌“走麦城”，被擒后宁死不屈。遇害后，蜀吴魏三国都为关羽举办丧礼，并引发了夷陵之战。

关羽演绎人生的任意一个时刻，都可能是其他人的人生巅峰；关羽演绎人生的诸多言谈举止，都可能是戏曲艺术的内容富矿。卸下彩妆，关羽的真实人生又如何呢？

关羽，字云长，河东解县（今山西运城）人，一般认为出生于东汉延熹三年（160 年），卒于建安二十四年（219 年）。在六十载戎马生涯中，关羽策马横刀，驰骋疆场，征战群雄，是当世的名将和蜀汉的开国元勋。名将与元勋的评价，关羽完全当得起。

关羽年少时，因犯案亡命幽燕地区，于中平元年（184 年）加入涿州人刘备组织的民间武装，参与镇压黄巾起义。当年刘备二十三岁，可能比关羽还小一岁，因此刘关张桃园结义一事极可能是杜撰。但三人之后勠力同心共同创业，情同兄弟，确是实情。当是时，群雄纷起，结兵数千即纵横郡县者不在少数，兼并激烈，创业并非易事。刘备创业的前二十多年如丧家之犬，何处可依？关羽一生最大的污点，发生在建安五年（200 年）曹操攻占徐州之时。刘备北逃，关羽留守无助，投降了曹军。演义对此多有文饰，强调关羽是降汉不降曹、为刘备保全家眷等。从日后关羽冲破重重阻碍回归依旧漂泊无依的刘备来看，关羽投降确有迫不得已之处。

关羽大展拳脚是在赤壁之战后，刘备在荆州占有了立足之地。荆州是刘备阵营复兴汉室的基地，是日后两路北伐计划的重镇，刘备授权关羽董督荆州，寄以方镇重任。建安二十四年，关羽发动襄樊战役，围困荆州曹军，击败曹操的援军，擒于禁斩庞德，并联络河南各地，剑指黄河。曹操确实想迁都，避其锋锐。关羽勇敢却不谙政治，《三国志》批评他“刚而自矜”，没有处理好与东吴盟友的关系。就在关羽功绩即将登顶时，东吴发兵偷袭荆州，关羽腹背受敌，兵溃被擒，不屈而死。蜀汉政权追谥“壮缪侯”。

关羽不是“战神”。在漫长的历史长河中，关羽的主要痕迹是镇守蜀汉的荆州，最终失守遇害。荆州关系到蜀汉、东吴两个阵营的根本战略，都志在必得。关羽的个性对调和吴蜀关系并无裨益。不过，双方矛盾根本不可调和，困局并非关羽一己之力能够破解。

关羽在当时及死后相当长时间里，都是公认的万夫莫敌的勇将。勇敢是他最大的特质。关羽另一大特质是“忠义”。他终生效忠刘备，冲锋陷阵，毅然舍弃曹营的荣华富贵，千里走单骑投奔旧主，最终舍生取义，从容就死。关羽是“忠义仁勇”的典范。但是，典范和神灵之间有漫长的道路需要跨越。关羽并非立刻被封圣。

关羽神化的第一步在荆楚大地。荆楚自古崇尚巫风，百姓有供奉本地败军之将，防止其魂灵为祸地方的习俗。此地恰是关羽一生事业的顶点和功败垂成之地。关羽死后，就得到了乡民的原始供奉。到了南北朝，荆州由于扼守长江要道且经济发达，成为各方争夺的焦点，战事频仍。百姓呼唤神灵的眷顾保佑，荆楚核心江陵城内便出现了新的“城隍神”——曾经修筑坚固江陵城的关羽。由此，关羽进入了道教神灵的轨道，成为道教四大护法之一。佛教的天台宗和禅宗进入荆楚大地后，也借助关羽来扩大影响力。佛教也尊关羽为护法伽蓝。

关羽的影响从荆楚扩展到全国，开始于唐朝，得益于权力的推崇。权力往往需要塑造榜样，作为宣传意识形态的载体。唐朝就敕封孔子为文宣王、姜尚（姜子牙）为武成王。安史之乱以后，唐朝为了激励士气，为姜子牙的武成王庙增祀 64 员名将，关羽名列其中。但不久，武成王庙只留张良陪祀，关羽等人被撤出。同样为了振奋军心，北宋在庆历新政时期恢复了关羽的从祀；宋徽宗先后晋封关羽为忠惠公、武安王，这是关羽封王之始；宣和五年，宋徽宗敕封关羽为“义勇武安王”，从祀武王庙，关羽地位开始超越其他诸将；随着宋金交兵严重，朝廷更加重视关羽的榜样作用，南宋一再加封关羽徽号，直到淳熙十五年封为“壮缪义勇武安英济王”，达到了宋朝的最高封爵。

关羽地位虽然缓慢提升，但远未登顶，姜子牙才是宋代武功的顶峰人物，此外关羽的地位还出现了波折。明初朱元璋清理滥封的前朝爵位，关羽回复“壮缪侯”原始封号，直到嘉靖年间才恢复“义勇武安王”爵号。

只要艰难困苦存在，人心就呼唤神灵护佑。明朝万历年间，下邳治河，办事官员奏请晋封当年镇守此地的关羽为帝，护佑百姓。恰巧万历皇帝发动三大征，正需要推出武神来彰显威风，于是关羽正式“称帝”：三界伏魔大帝神威远镇天尊关圣帝君。不过，和关羽一道晋号的还有岳飞：三界靖魔大帝忠孝妙法天尊岳圣帝君。关羽和岳飞，并驾齐驱，位居武功的巅峰。不过，关羽很快借助清朝的推崇，超越岳飞获得“独尊”地位。

清朝开国皇帝努尔哈赤早年流浪辽东汉地，《三国演义》是他学习汉族文化和兵家谋略的主要教材。努尔哈赤熟读三国，最崇拜其中的关羽。归国建政后，满族自上而下学习三国、崇拜关羽，开始修建关帝庙。清朝入关后，顺治皇帝即敕建关帝庙。雍正皇帝授予关羽比隆孔子的仪典，在各省府州县建立宏伟的关帝庙，春秋两次祭。关羽从此列入国家祭祀主神，享受至高香火。咸丰四年更定关庙祭礼，与祭孔规格全然相同。清朝皇帝自顺治开始对关羽屡有加封，光绪时达到26字："忠义神武灵佑仁勇威显护国佑民精诚绥靖翊赞宣德关圣大帝"，为古代人臣之最。

清朝官民对关羽的崇拜是真心的，甚至是盲目的。清廷坤宁宫祭祀释迦牟尼佛、观世音菩萨和关圣帝君等人，宫廷定期对关羽虔诚祷告奉献。戏曲舞台上关公出场时，不仅是普通官员，就连帝后都要起身走几步，以示尊崇。民间八旗人家供奉的神位，也有关公。据说有一个八旗将领出任"荆州将军"，赴任前忧心忡忡："当年关公都守不住荆州，我该怎么办？"

关羽最终在名目繁多的中国世俗神祇中"脱颖而出"，晋升为护佑整个民族的神灵，不但使刘备、曹操、孙权这些同时代的风云人物望尘莫及，就连万世师表的孔夫子也退避三舍。他是圆融佛道儒的神灵，并覆盖社会各阶层，成为中国巨大的传统符号。

大都会博物馆所藏《监门关圣帝君图轴》就是清朝尊崇关圣帝君的证物。藏品立轴，绢本设色，173cm高，92.6cm宽。这幅画来源于佛教"水陆法会"仪式，工艺水平高、结构复杂，大量使用矿物颜料。

在七彩祥云映衬下，关羽仿佛从天而降，身后跟随着两位侍从：长子关平、部将周仓。通常所见的关公像，关公在中间持书，关平手持大印，周仓代持关公的兵器青龙偃月刀。本幅《监门关圣帝君图轴》略有不同，头部环绕光环的关公侧立，面向右方，左手按剑右手持青龙偃月刀；关平侧立于其右后方；周仓竖立旌旗，侧站在其左后方，扭头正视前方。全轴的右上角写有金字："监门，关圣帝君。"监门，监护门户之意。也许正是监门的需要，画中的关公才一改持书常态，亲自拿刀。右下角有一行铭文："和硕庄亲王发心诚造。"和硕庄亲王是清代铁帽子王之一，始祖为清太宗皇太极第五子硕塞。虽然不清楚具体是哪一任庄亲王定制了这幅作品，但可以肯定这是一幅价值不菲的皇家画作。

关羽家乡解州关帝庙的一对楹联，准确概括了关羽在传统中国的巨大影响：

儒称圣，释称佛，道称天尊，三教尽皈依。式詹庙貌长新，无人不肃然起敬；

汉封侯，宋封王，明封大帝，历朝加尊号。矧是神功卓著，真所谓荡乎难名。

▲ 南宋金处士《十王图》

阎罗王

中国人相信，三尺之上有神灵。我们的所作所为，最终将接受神灵的审判。这个“最终审判”就发生在我们身故之后、前往另一个世界之时。

围绕着最终审判，传统社会演绎出了名为“阴间”“冥界地狱”或曰“阴曹地府”的丰富想象。综合各种传说，中国人认知的阴间世界是这样的：一个人死后，魂灵都要去地狱走一遭。去冥途中，他依据预修的功德善行和身后他人的追荐超度，要先后接受十个冥王的审判。死后第七天（头七）接受第一个冥王的审判，此后每隔七天都要面对一个不同的冥王、接受一场不同的判决。死后七七四十九天，要先后过场七次；到了百天，要经过第八个冥王；一周年时经过第九个，三年之后接受第十个、也就是最后一个冥王的审判。这十个冥王也称“十殿阎王”。

头七审判死魂灵的第一个冥王是秦广王。秦广王专司人间夭寿生死，统管幽冥吉凶、善人寿终等。死者如果生前积德行善，直接超升；如果生前善恶相抵，则移送第十个冥王，可以投入世间，转胎为人；如果生前恶多善少，就押赴殿右的“孽镜台”，令魂灵照见自己在世之时的好坏，然后押解第二殿，接受逐级审判。

之后每个冥王的审判流程大抵如此，死者根据不同的罪过接受相应的惩罚。二七过初江王，三七过宋帝王，四七过五官王，五七过阎罗王，六七过变成王，七七过太山王，然后等到死后百日过平等王，一周年过都市王，三周年过五道转轮王，次第接受裁判。十位冥王对各殿解到鬼魂，辨明善恶，核定等级，最后发四大部洲投生。男女寿夭、富贵贫贱，逐一详细列明记载，每月汇总到第一殿注册。凡是作孽极恶之人，被贬为卵胎湿化四种低级生物，受朝生暮死之苦，赎罪期满之后才能恢复人身，不过也只能到蛮夷之地投胎。所有经受了地狱审判的魂灵，投胎要喝下孟婆神灌的迷魂汤，彻底忘却前生往事，才能经历下一生涯。

为了顺利通过地狱审判，人活着的时候要预先行善积德。如果死者生前功德欠佳，生者为其举办超度仪式或者通过念经、抄经等善行积攒事后功德，也有助于减轻甚至逆转厄运。

阴间景象和地狱审判构想，始于唐末五代，所有冥王都由地藏菩萨统领。寺庙厅堂中，地藏菩萨像必定是悬挂在正壁，十大冥王图像分别悬挂左右。所以，寺庙中的十大冥王像，有五王的脸向左，有五王的脸向右。现在所见最早的十王图像，可能是原敦煌藏经洞中的五代地藏十王图。地藏十王图中间绘有地藏菩萨，手持锡杖，半跏趺坐于山石上；身后有两位童子，分别执掌善恶，称为善童子、恶童子。地藏菩萨左右分别绘有十大冥王，十人各坐于桌前，桌上有鬼魂的账册。十大冥王除了一人身着盔甲外，其余九人均是文官形象。图像下方是审判的场景，崔判官、僧道明和狮子、牛首、刀笔小吏怒目相对戴枷罪人，阴间气象跃然纸上。地狱判官执行菩萨和冥王的指令，负责阴间的日常运转，又是中国民间另一有力神祇。

阴间景象，杂糅了传统中国儒家的纲常伦理、佛教的因果信仰和道教的服饰仪轨，是中国土生土长的宗教文化。在寺院、道观中，在各个阶层的丧葬礼仪上，都能见到阴间形象或相关内容。但是，它又是有别于任何一种宗教的信仰活动，既不是佛教也不属于道教。

阴间信仰的外在表现就是总纳为《十王图》的各种图像。它们悬挂在各个宗教场所、仪式之上，往往色彩鲜艳、内容明确，直白粗暴，是民间信仰的生动体现。大都会博物馆藏有南宋金处士所绘《十王图》中的五幅，向后人展示了古代人理解的阴间景象。所有画作都分为上下两部分，每幅一位冥王居中。上半部类似官衙审判场面，判官辅助正襟危坐的冥王做出决断，下半部分是地狱景象，小鬼负责执行判决。受刑罪人和行刑小鬼血淋淋揭示了地狱的恐怖，场面栩栩如生。

馆藏《十王图》中有一幅是十大冥王中的第五王，即人死后第三十五天要遇见的冥王“阎罗王”。阎罗王本来是第一殿冥王，因可怜屈死之人，屡次放鬼魂还阳申雪，结果遭到降调为第五王。阎罗王司掌叫唤大地狱，并十六诛心小狱。解送到此殿的鬼魂，先押赴望乡台，目睹世上本家因罪遭殃等事，再被推进地狱，细查曾经犯有何种罪恶，最后分发十六个小狱，钩出其心，铡其身首，由蛇吞食。鬼魂在第五殿受刑满日后，再押送下一殿。

在馆藏画作中，端坐大屏风前的阎罗王左手压着《十王经》，正在听取兽面判官宣读罪状或判决书。下面的听命衙役幸灾乐祸、行刑小鬼凶狠无比，又各有差别，惟妙惟肖。魂灵要想顺利打发这些难缠的小鬼，并非易事。此关惩罚的并非杀人放火的大奸大恶，而是人性中常被忽视且绝难杜绝的小奸小恶。比如，阎罗王诛不敬鬼神、猜疑是否有因果报应；诛计较名利、招惹是非、嫁祸他人；诛忘恩负义、以仇报怨；诛妒贤嫉能、嫉妒心重；诛执迷不悟、死不改过，等等。谁人能保证自己毕生不犯这些罪错？凡是生前罪孽深重的鬼魂，在此关都要遭鬼卒猛力锤击膝腿关节，还要被鬼卒推着刺笼火轮追杀。这两种惩罚，该画都有生动形象的展现。常人观之，不寒而栗，更无论心中有鬼之人了。

阎罗王是在中国知名度最高的冥王，甚至在许多人心中成为了阴曹地府的代名词。

大都会博物馆所藏的五幅《十王图》，历经了八九百年的风吹雨打，但色彩依然明艳醒目。可以想见，画家当年用色更加艳丽、涂料更加鲜烈。每幅画上有朱砂色署款："大宋明州车桥西金处士家画。"明州即今浙江宁波。署名"金处士"是一个雅称。"处士"开始是指德才兼备却选择隐居不仕的人，后来广泛用来美誉没有出过仕的读书人。但是，金处士应该不是一个人，而可能是"画坊"的名号，亦可能是"商标"，还可能是数人共用的"艺名"。随着阴间信仰的普及和信仰活动的推广，十王画作有强烈的市场需求。各种画坊应需诞生在南宋各大城市，它们提供内容标准化、选择范围广、接受定制的商品，吸引了各种财力、各个阶层的潜在买家。《十王图》就是古代的流水式商品和批量制造的"订单画"，单单凭个人之力是无法批量生产的。所以，"金处士"应该是一个集体而不是某个画家。

南宋时期，东南沿海经济、社会取得突飞猛进的发展，市井繁华，生产了难以计数的《十王图》。但是，士大夫阶级鄙视这些作品。首先，阴间信仰的"理论依据"是所谓的《地藏菩萨发心因缘十王经》（简称《十王经》），是中国僧人仿照印度佛经的格式和语气写成的本土文献，属于"伪经"。士大夫正本清源，对伪经有天然的排斥。其次，画坊作品图像技巧单一，世俗气息浓厚，没有文化人的雅致，没有艺术史的传承，属于匠人之作。士大夫欣赏的是传承有序的文人画，因此没有将民间信仰的画作纳入艺术收藏之内，他们编纂的论著也未对其加以评述。

如今我们还能端详当时的《十王图》，追溯中国人的阴间信仰，还要拜“外贸”所赐。南宋时期，浙江明州、福建泉州等地是与日本通航的主要外贸商港，同时又是宗教绘画的产地中心。当时来华的日本商人或僧侣，光顾当地画坊选购了不少宗教画。其中就有各种《十王图》，署名有“陆信忠”“金处士”等，都是当时当地的畅销厂家。这些作品流传到日本，后来流散到美国等地。

虽然在中国命运不佳，但是这类作品的民俗和历史意义难以否认。许多画中超度亡灵的习俗至今盛行。类似的冥王画作还悬挂在寺院道观和仪式之上。它们是阴间信仰的直接证据。千年以后，十大冥王在当代社会还有深远的影响，类似的还有“牛头马面”“十八层地狱”“钟馗降魔”“酆都鬼城”，等等。这些糅合儒释道的民间信仰，共同组成了中国人心里的“阴间世界”。我们的先人行进在人生道路上时，不时地能想到阴曹地府的存在，相信：善恶终有报，不是不报，时候未到。

正是因为“最终审判”的存在，正是因为可怕的阎罗王的存在，人们才有所敬畏，恪守底线，将言行维持在一个相当的水平之上。地狱是恐怖的，没有地狱的世界更恐怖。

向大众宣示东方净土

宗教的传播，面临如何有效向受众宣示教义的问题。中国僧侣发明了用图像来讲解佛经的做法，称为“经变”。简单说，就是将佛经内容从文字转变为图像，在善男信女观看的同时，配合僧侣的讲解，将信仰的种子播撒开来。这些图像，就是经变图。

中国寺庙佛院绘制了大批宣讲佛教的经变图。由于年代久远，也由于绘制质量高低不一，现今保留下来的高品质的经变图不多。世所公认的经变图代表作就是现藏大都会博物馆的《药师经变图》。

这幅《药师经变图》，原为寺庙壁画，长15.2米，高7.52米，规模极为宏大。药师经变，顾名思义就是用图画来表现《药师经》的意思。《药师经》是药师佛所授，药师佛即药师琉璃光如来，简称药师如来、琉璃光佛，民间尊他为“消

灾延寿药师佛”。药师，比喻能治众生贪、嗔、痴的医师；以琉璃为名，取琉璃之光明透彻之意，借喻国土清静无染。在佛教世界里，药师佛是东方净琉璃世界之教主。

画面正中央，药师佛端坐在莲花宝座之上，仪态庄严，乌发肉髻，面部圆润，表情慈祥，两耳垂肩，身披袈裟，袒露前胸和右臂，双足跏趺，坐于莲花宝座正中。人们通常所见的药师佛左手捧药器，此画有所不同，药师佛左手抚膝，右手结印。药师佛传授的佛经，叙述了佛陀因曼殊室利的启请，为在毗舍离国乐音树下的大比丘、大菩萨、国王、群臣等，盛赞东方净琉璃世界药师如来的功德，并详述药师如来因地所发的十二大愿。药师佛的左右各有日光菩萨和月光菩萨，结跏趺坐于莲花宝座之上，与药师佛一起形成“药师三尊”，又称为“东方三圣”。药师三尊莲花宝座下，各有献花供养的二尊菩萨或童子。周围又有八大接引菩萨、十二神将站立环侍在药师三尊身旁，各率七千药叉眷属围绕，护持着东方净土。

药师经变壁画在继承中国民间壁画传统基础上，融合了中国绘画技法。药师佛的造型沿袭了中国画的丰富意蕴，药师三尊的脸庞都圆润如月、慈眉善目。由“法像”展示其慈祥、智慧、宽容、淡定的内心，是汉传佛教的惯常思维。除了画面正中的药师佛身披袈裟、袒胸露臂外，其余菩萨、神将穿戴皆如中土士大夫，峨冠博带，正襟严谨，又不失俊逸潇洒。佛衣的皱褶自然生动，质感薄如蝉翼，凸显清骨秀气、名士神韵，显示经变图创作之时佛教已经中国化，已经和儒家审美紧密融合了。

大都会博物馆将《药师经变图》放置在中国馆的起步墙壁上，巨大的篇幅不由得人不驻足观看。壁画恢宏、角色繁多，色彩丰富、白描精巧，历经七百多年的沧桑飘零而瑰丽依旧，堪称珍品。如今，它已经成为了中国文化艺术在美国的标志物之一。

观者在惊叹画作之余，难免起疑：如此巨大的壁画，是如何漂洋过海，远赴纽约的呢？《药师经变图》源自山西洪洞县广胜寺下寺东壁。广胜寺始建于东汉，是佛教东传中国最早的几座寺庙之一，经历代重修后分上寺、下寺和水神庙三部分。上寺以雕塑见长，下寺则以华丽的壁画著称。元代修复下寺时，在主体建筑后大殿（大雄宝殿）的四壁绘制了四幅相互呼应的壁画，场面宏大、色彩瑰丽，总面积达196平方米。其中东边墙壁的内容就是《药师经变图》。从元朝直至民国，无数信众驻足这些恢宏的壁画之前，聆听僧人的宣讲。不知道有多少人从中得到了精神的慰藉。

20世纪二三十年代，广胜寺年久失修，僧人星散，下寺尤为破败不堪。寺庙和地方有识之士都呼吁重修，可惜谁都无力出资。1928年，行经此地的美国文物贩子发现广胜寺下寺大殿内的元代壁画，便与当地绅士联络，登门求购。寺僧考虑与其等大殿自然坍塌、壁画随之毁灭，不如舍画保殿。于是，僧人、官员、乡绅合力将四壁壁画分割剥离，以1600银元出售给文物贩子，并立碑纪念其事。其中就包含大殿东壁的《药师经变图》。如今，广胜寺寺院已经重修，但四壁只余残存于山墙上部16平方米的《善财童子五十三参》残卷。

《药师经变图》变卖时惨遭肢裂，破碎为数百块，漂洋过海后为纽约牙医萨克勒所收购。因为巨幅壁画无力家传，萨克勒便捐给大都会博物馆。大都会博物馆精心修复数百块残片，完整复原壁画，永久陈列在以萨克勒命名的大厅中。《药师经变图》一经亮相，便成为大都会最知名的中国艺术藏品，震惊世界。

▲ 元李尧夫《芦叶达摩图》

东土禅宗第一人

一千五百多年前，佛教还传扬在印度大地。一天，南印度僧人达摩求教师父："我得到佛法以后，应向何地传化？"师父说："你应该去震旦（中国）"。师父又说："你到震旦以后，不要停留在南方。南方的君主喜好功业，不能领悟佛理。"

传教的种子播撒在达摩心里，生根发芽。他驾起一叶扁舟，穿越惊涛骇浪，历尽艰难曲折，于三年之后抵达了中国广州。其时大约为南梁普通元年（520年），中国处于南北朝分裂状态。梁武帝萧衍统治着江淮以南地区。自东汉末年军阀割据混战至此时，神州大地除了西晋短短几十年并不算稳定的统一，其余时间都处于动荡之中，战乱、洪水、饥荒、瘟疫接踵而至。当时的先民既要逃脱洪水猛兽之口，又要躲避金戈铁马刀光剑影，人生如浮萍，身心俱无所依托。空虚的心灵呼唤思想信念的填补。可叹的是，我们身处的土地也是诸子百家争鸣、孔曰成仁孟曰取义、老子传送《道德经》的舞台，并不缺本土思想。然而，大分裂时代击碎了国人对本土思想的信仰。人们先讲仁义，后崇玄学，再辅以汉末新起的道教，可都解释不了绵延数百年的战乱，信仰并没有给人们带来心安，反而是苦痛。

梁武帝萧衍想出的对策是“崇佛立国”。他资助佛院修建，供养僧尼信众，大兴宗教活动，还以身作则，禁欲修身。南朝四百八十寺，俨然一大佛国。广州刺史得知有印度高僧渡海而来，急忙禀报首都建康（今南京）。梁武帝立即派使臣将达摩接到建康，以贵宾相待。

梁武帝笃信佛教，即位后写经造像、刻苦修行，还三次亲临同泰寺讲经说法，是中国早期的佛教学者。甚至，他三次到寺里舍身。南梁政府花费数以亿计的钱财才赎回皇帝。他亲自与达摩谈佛论法。梁武帝首先发问：“我做了这些佛事，有多少功德？”达摩直言：“并无功德。”梁武帝自然希望印度高僧能盛赞自己的功德，失望之余追问原因。达摩指出梁武帝种种行为都是为了一己的私心，没有逃脱俗界烦恼，根本摆脱不了因果生死轮回。确实，梁武帝崇佛之余，放纵宗室、欺压百姓，而且崇佛本身隐含着与北朝争夺信众的目的。他的信仰，是用崇佛来对抗内忧外患，巩固自己的统治。如果佛教能给自己一个好结局，就更妙了。

达摩洞悉了萧衍的真实目的，在他看来为个人、为功利目的而敬佛礼佛，并不是功德。梁武帝追问：“那什么才是真功德呢？”达摩回答：“净智妙圆，体自空寂，如是功德，不于世求。”真正的功德不是从外界可以求得的，而是通过内在修持得到的。达摩系出印度大乘佛教，大乘佛教关注的不是自身，而是要度众生到彼岸，所谓“普度众生”。他所信仰的大乘佛教，与梁武帝信奉的小乘佛教，思想观念不同，两人谈佛论道总是不投机。两人的分歧很快从佛教理论之争外溢到了人生态度。分歧的结果是，达摩认定南方确实不是久留之地，决定北上传教。

“一苇渡江”便发生在此时。达摩不辞而别，梁武帝深感懊悔，派兵追赶。达摩来到长江江边，前有江水滔滔阻隔、后有追兵迫在眉睫。只见他从容于江边折了一根芦苇，投入江中，踏而化作一叶扁舟，飘然过江（一说，江边官民见达摩与皇帝不和，不愿提供船只供达摩渡河）。对于是否“一苇”之事，后人有理解为一大束芦苇，而不是一根芦苇的。不管何种说法，达摩渡江北上已经成为了中国文化中的一段神话往事，神化了达摩，也给早期中国佛教蒙上了神圣的光芒。

大都会博物馆藏有元代李尧夫所绘《芦叶达摩图》（绢本墨画，85.7cm×33.8cm），也是同一题材。全画中下部，达摩尊者立于一根芦苇之上，身材修长魁梧，额宽眼大，胡须满腮。达摩身上僧袍随风飘起，使画面动静相宜。画家用淡墨勾勒达摩从领口到足上的粗布衣裳，线条极似竹叶，更显飘逸。全画线条简练、淡墨白描，只在衣端褶纹和芦叶处描线稍显细致、墨色稍重。全画上面小半部分，基本留白，只在顶端留有署名“一山一宁”的赞语。

《芦叶达摩图》寥寥数笔，一气呵成，干脆洒脱，传情达意，内涵深远。只有进入中国文化情境，才能体悟背后的深意。

达摩当年的北渡行为，对佛教传播乃至中国文化都有重大意义。

北魏孝昌三年（527 年），达摩来到了河南嵩山少林寺，见寺处群山环抱之中，环境清幽，有心将此地作为传教道场。他在嵩山西麓五乳峰的中峰上部、离绝顶不远的一处天然石洞中面壁九年。达摩面对石壁，盘腿端坐，最终悟出了一套适应中国国情的佛法：东土禅宗。禅宗不需要文字、语言或者仪式来阐述，因为人人皆有佛性，只要了解自己的心性，回归内心就可能悟道成佛。而如何悟道呢？首先是坚定自己的心性，不为外物所诱惑，不为名利所累；其次，坐禅、清修等形式有助于悟道成佛。

禅宗六祖慧能大师，有一首诗高度概括了禅宗：

菩提本无树，明镜亦非台。
本来无一物，何处惹尘埃。

达摩面壁创禅，使当时烦琐的佛教简易化，推动了佛教的中国化。一个宗教只有在传入地实现本土化，才能枝繁叶茂。达摩创建禅宗后，以少林寺为基地，广集僧徒、一心传教。达摩成为中国禅宗的初祖，少林寺被尊为禅宗的祖庭。后来的历史发展证明，禅宗简明易懂、操作便捷，非常适合大规模推广。日后，多位禅宗修行者虽然不通笔墨，也毫不妨碍成为大师。禅宗的内敛含蓄，讲究清修、推崇自然，其观念和道教、儒家思想有诸多相通之处，符合中国人的审美和心理，在发展历程中和儒道交流借鉴，缠绕在传统文化之中。直至宋元，禅宗都是中国流传最广的佛教宗派。

作为大乘佛教的一支，禅宗的发展，影响大乘佛教占据隋唐以后中国汉地佛教的主流。如今，除了在云南地区流传小乘佛教，中国事实上已成为大乘佛教的主要发展与传承地区。有些学者干脆将大乘佛教专指汉传佛教。达摩对中国佛教的发展，影响深远。

达摩首创禅宗后，晚年传给二世慧可，转到熊耳山下的定林寺传法，大约在梁武帝大同二年（536 年）十二月圆寂，传说享年一百五十多岁。

回到《芦叶达摩图》，大都会博物馆东方艺术部主席何慕文先生介绍画家李尧夫在中国并没有记载，相反日本却有。李尧夫后来搬到日本，携带此画前往。画作顶端有署名“一山一宁”的题字。一山一宁（1247—1317）在中国不甚有名，在日本却名贯四岛。他本是植根天台宗、律宗的高僧，宋代浙江台州（今浙江临海）人，俗姓胡，自幼出家，曾任普陀寺主持，后渡东瀛，为日本公卿贵族所推崇，为京都南禅寺等多地主持，于古稀之年圆寂于日本。这也可以例证是流失日本的中国达摩图。

达摩图的日本之行，折射出禅宗在日本的地位。日本在镰仓时代引进禅宗，武士阶层趋之若鹜。禅宗在日本社会镌刻了诸多痕迹：禅宗影响日本诞生了简洁明亮的禅式庭院；禅宗还深深融进了日本茶道、花道之中，如今日本茶道花道表演还能看到禅宗的影子。又如，日本流行的“达摩不倒翁”，取自达摩面壁九年成功参悟的故事，使用者认为它有开运、激励的作用。达摩的日语也成了不倒翁的代名词。明清以后，禅宗在中国日渐式微，却在日本持续蓬勃发展。

“禅”俨然已经成为了东亚文化的一个标志物，作为东土禅宗第一人的达摩功莫大焉。

文房第五宝

中国传统文人追求一些文雅精致的器玩。这个爱好与贫富无关，而与精神有关。文人的精神享受，在这些器玩上注入了自己的喜好与心境。

旧时的文人书斋案头，盛水润笔洗涤的笔洗是不可或缺的器具之一。笔洗除了实用价值之外，造型无不雅致精巧、各有千秋，深得追求精致生活的文人墨客的喜爱。笔洗的诞生，伴随着毛笔的发明，呼应了写作者就近醒笔洗墨的需求。它起先或许是随手拾得的器皿，后来逐渐演变为专门的用具，最终演化为一件艺术品。

笔洗以钵盂形制为主，也有长方洗、玉环洗等，还有中间用作笔洗，边盘用作笔掭[1]的。笔洗的质地很多，包括瓷、铜、玉、玛瑙、珐琅、象牙和犀角等，其中最常见的是瓷洗。瓷洗传世量最多，其中又以宋代官窑生产的笔洗最为精良。笔洗的制作使用在清朝达到了顶峰，清中期喜欢仿五大名窑（哥、官、汝、定、钧）的产品，生产敞口浅腹瓷洗，形状多种多样，包括花果、鱼、兽等形象，规整而呆板。

玉洗，在数量上仅次于瓷洗，在艺术上却远远过之。玉石的物理特性，决定了它不可能像泥土一样标准化制作、烧窑。玉洗最大的特征就

[1] 笔掭是觇笔之器，文人书写绘画时，用来掭试毛笔的用具。

▲ 图1 清乾隆碧玉云龙洗

是一洗一模样，绝对没有重复。它的制作，对工匠的琢玉技术和艺术修养都提出了很高的要求。如何掩饰玉石料中的瑕疵，如何在方寸之间独运匠心，如何营造文人想象的世界？最终诞生的每一件玉洗都是一件艺术品。玉洗既是文房用具，又属玉器，在诞生之初实用性就让位于艺术性。中国的玉器文化源远流长，历史可追溯至原始社会。玉洗虽然是较晚出现的玉器种类，但目前所知最早的玉洗仍可上溯到汉代，现藏于故宫博物院。

大都会博物馆中藏有多件笔洗，其中堪称珍品的当数清乾隆碧玉云龙洗。这是一件超大型的笔洗，高 19.3cm，长 76.1cm，宽 43cm，想必寻常文人书房难以放下如此规模的笔洗，只有宫廷御书房才能容纳。

云龙洗雕刻精美，顾名思义雕刻内容以云、龙为主。笔洗身上，浮雕有四条青龙，较长的两边各有两条，张牙舞爪、缠云破雾，正以不同的姿势向上攀爬，凶猛威严，呼之欲出，既有繁复的观赏效果，又契合了皇家的威严。

玉洗内底刻有乾隆皇帝御笔题诗的书法作品，让器皿的价值骤增（图2）。工整的楷书，一共是十二行，前十一行每行六个字，最后一行只有“御题”两个字，共计68个字。观者从中可知，玉洗的材料是新疆和田进贡的玉石。清朝中期平定新疆后，乾隆皇帝钟情于和田玉。当地定期向北京千里迢迢贡献玉石。开采、运送玉石已然成为新疆地方官的一项重要工作和沉重负担，个中舞弊事件还引发了乾隆朝的政治动荡。乾隆四十一年，叶尔羌办事大臣、乾隆的妻侄高朴，借宫玉为名私采盗

▲ 图2

卖，酿成了大案。小小的石头，摘取了好多人的顶戴甚至是脑袋。

根据御笔落款“乾隆甲午”推断，云龙洗的刻制时间为乾隆三十九年（1774 年）。彼时的乾隆皇帝尚且沉浸在温润玉石源源不断而来的喜悦之中。他评价这件作品是“云容垂碧落，龙德出深潭”，较为生动地提炼了青龙玉洗的特点；接着写道，“僧繇画超绝，韩愈说包含”，隐约有画追南朝张僧繇、文比盛唐韩愈的心思。整篇御题诗的落笔在歌颂“尧年”，也就是尧舜再世天下太平的盛世。盛世出杰作，杰作之一便是眼前的碧玉云龙洗。

作为自负而热情的“业余”鉴赏家，乾隆在诸多搜罗来的字画作品上题跋咏叹，被后人毫不客气地抨击为“书画杀手”。想必，云龙洗见证了乾隆的涂鸦，还常常与在清水中洗涤的毛笔无奈地相对摇头。

当时的乾隆皇帝，年过花甲，即将执政满四十载，放眼寰宇，无内忧外患之象，有歌舞升平之景。乾隆难免志得意满起来。月盈则亏，骄躁则败，乾隆三十九年的大清王朝已经有了败亡的迹象。达到极盛的清帝国开始走下坡路，坠落速度一发不可收拾。等到美国人毕少普（Heber R. Bishop）在清末偶然发现这件云龙洗的时候，据说它正在不识货的北京民间被当作腌咸菜的大缸。云龙洗可能是在英法联军、八国联军等引发的历次京城浩劫中，从深宫禁苑流落民间，又因为体大笨重而遭遗弃。乾隆皇帝的心爱之物，落魄至此，何尝不是大清王朝命运的映照？

毕少普是经商致富的美国人，是西方收藏中国玉器的第一人。他识得了云龙洗的真面目，收购后于 1902 年将它连同一千多件来自中国的玉器和其他硬石件遗赠给大都会博物馆。其中大部分艺术品出自清朝中期，和云龙洗是“同龄人”。当年志得意满的乾隆皇帝，在御书房中悠闲地润笔涤墨的云龙洗，如今安静地躺在大都会博物馆的宽大展厅中，凝视一

▲ 图 3

个个陌生的面孔（图 3）。

中国传统文人评定“文房四宝”（笔、墨、纸、砚）时，应该是颇费一番周折，忍痛割爱了笔洗、镇纸、笔挂、贝光、笔筒等物件。它们共同组成了旧时代文人的书房景象，构建了他们理想的创作环境，也寄托了这个阶层的审美与心境。而其中，笔洗是除文房四宝外使用最频繁、发展最成熟的用具，堪称“文房第五宝”。

把自己留在家里

在中国，褒奖一个人可以夸他光耀门楣、家门有幸等，辱骂一个人可以说他没有家教、辱没家门。“家”，在中国人的话语中有着特殊重要的意义，在中国人的心里占据着敏感柔软的角落。

人类从原始氏族状态发展而来，人们以父母为核心组建群体生活。走出原始社会进入奴隶社会后，奴隶是没有资格有家的，他们一出生就骨肉离散，是主人随意支配的财产。上自天子下至普通士人的奴隶主们，不仅强化了家族组织，还以血缘关系为基础、家族组织为形式发展出了宗法制度：

宗法制以血缘为根，以大小宗为支脉，大宗为主干、小宗为枝蔓。天子为天下的大宗，嫡长子之外的王子被封为诸侯。诸侯是天子的小宗，却是封国内的大宗。诸侯嫡长子外的公子再分封为卿大夫。卿大夫是诸侯的小宗，在采邑内又是大宗。以此类推，卿、大夫、士都是如此。大宗不仅对宗族成员享有统治权，还享有政治特权。宗法组织从家族扩散到天下，构建了以天子为核心的统治秩序。

宗法秩序保证了权力享有者的世袭权力，是特权的标志。同一个祖先繁衍的后代称为宗族，享受同一个姓氏。先秦时代，只有贵族才有姓

▲ 清《二十一祖先神位像》

氏，奴隶和平民只有名没有姓氏。当时的绝大多数人是“望家不得”。这种血缘决定人生的制度，一直延续到南北朝时期。虽然从秦汉开始，非贵族出身的贤能之士逐步分享权力，进入统治阶层，但宗法秩序遗风强劲。家族世袭统治之风到魏晋南北朝时登峰造极，人按照家族出身被划分为三六九等，显贵家族组成世族门阀，上品无寒门下品无世族。南朝发展出来一门学问——谱学，专门考订筛别门阀血缘、子孙传承，目的是做到尊卑有别，防止寒庶子弟冒充高贵、分享权力。

这股贵族世袭固态，被隋唐兴起的科举之风吹刮得七零八落。科举考试唯才是举，大批平民子弟朝为田舍郎暮登天子堂，逐步占据了大部分权位。而权贵世袭导致门阀世族自身素养下降严重，又接连遭遇南北朝末期和唐末的大战争大动乱，门阀势力彻底被瓦解。唐宋开始，宗族组织开始下沉。科举的推动、文教的普及，读书人开始增多，经营地方和家族的力量增强，各地的家族纷纷建立宗族系统。北宋名臣范仲淹出身贫寒，显贵后购买家族财产、修订族谱、订立族规，便是例证。到了明清，宗族组织进一步扩散。原本只有诸侯大夫才能建造的祠堂，寻常百姓也大修特修，成为宗族凝聚的核心场所。自明代嘉靖年间开始，老百姓开始公开祭祀祖先，宗法制度、宗族组织等彻底告别贵族垄断，实现了平民化。

这是宗族（家族）形式在中国从诞生到普及的一部简史，也是贵族政治向贤能政治转化的一个缩影。

普及之后，明清中国人聚族而居，形成了诸多以一姓为主的村庄乃至集镇。宗族以姓氏血缘为号召，在以族规、族产和祠堂“三大关键词”为核心的严密组织系统的管理下，维系着家族的运转。

每家都有自己的规矩，族法家规从行为习惯到为人处世，全方位规范着族人的一生言行。没有任何一个家族希望本族出现不忠不孝之人，因此族规往往以崇德向善、道德说教为主，但也附加了部分实质处罚措施。比如，族人言行不妥，或受罚出钱出力投入公益事业，或当众下跪忏悔，或捆绑游行示众——针对偷盗等犯罪行为。更严厉的惩罚，甚至可以动用私刑处死，比如沉塘或者活埋——针对杀人、乱伦、灭祖等严重罪行。虽然是残忍死刑，当地官府却是默认的。在明清官府看来，族规是朝廷律法的补充，可以分担官府的司法压力。实践中，官员遇到田产继承、婚姻嫁娶等民事案件，往往推给宗族裁决。部分族规甚至是事先呈报地方官审核，再镌石铭记的。现代法学认为传统中国只有“刑事法”而无“民事法”，其实是宗族承担了民事法的制定、维护与执法工作。

最基本也是最重要的族规，当数族谱。族谱是记载家族世系传承之书。一个人来到这个世界，不是孤零零的个体，总是归属某一群人，族谱就是明确每个人的身份。一个人只有列入族谱，才能得到祖宗的护佑和宗族的关照。男女青年结婚，最重要的程序是敬告祖先，然后请宗族将新人添入族谱。而对族人最厉害的惩罚则是开除族籍。开除出宗族的人，不仅分享不到集体的利益，得不到集体的保护，死后也不能进入家族墓葬，便成了孤魂野鬼。

宗族的第二个关键词是“族产”。族人未雨绸缪，开发或者购置公用田地，建设家族仓储，创办家族私塾，救济贫弱族人、教育族中子弟。范仲淹就曾捐出积蓄，在原籍苏州创办义庄，接济范氏族人。这是宗族温情脉脉的一面，提供了身边的保障，又一次分担了官府的压力。

值得一提的族产，当数家塾了。家庭教育决定科举功名，而读书的成本、私教的聘金，并非普通人家能够一力承担。族人共创家塾，则为家庭教育提供了可能，为持续的应试赶考提供了可能。宋以后，大批贫寒士人科举高中，实现阶层跃升，实赖于此。族人官爵加身后，无不捐资壮大族产或给予其他惠助，反哺乡村和家族；官员致仕退休后，往往衣锦还乡，热心族中事务。家族亦热心培养子弟上进，笃信“再穷不能穷了教育”。也有学有所成的族人，晚年回乡在家塾任教的。两者良性互动，共推乡村繁荣。

宗族组织的第三个关键词是“祠堂”。祠堂最初是阖族祭祀祖先的地方，逐渐演变为执行族规、商议族务的地方，类似于宗族组织的办公场合。无论贫富，宗族都重视祠堂，倾尽全力建设尽善尽美的祠堂。乡村市镇中，祠堂往往坐落在中心地带，厅堂高大、材料讲究、雕塑精良，遍悬各种褒奖匾额，是宗族的标志、实力的象征。

最隆重的宗族活动——祭祀，都在祠堂里举行。大典之日，数以百计的男子（女子没有资格参加祠堂祭祀）按照辈分会聚一堂，前阶男子通常是家族首脑，担任仪式的司仪。他们是德高望重的长辈，或者有功名官爵的族人。仪式开始，主持司仪拿出一轴长卷，上面写满家族分支及其子孙名字，简略报告祖宗后，就把长卷扔入火中，禀告祖先家族绵延，供祖先在阴间详阅。仪式的高潮是集体跪拜磕头。主持司仪一声号令，堂内所有人全部跪下，朝祠堂上的祖宗神位或画像叩拜。

大都会博物馆所藏的《二十一祖先神位像》（纸本，159.1cm×114.6cm）就是阖族男子叩拜的对象。它是一幅工笔匠人之作，描绘了21位祖先（9男12女）的坐姿像和1位祖先的牌位。祖先按照辈分不同，由远及近坐列，远处三代祖先显然是明朝人；中近处祖先都是清朝打扮，男子一律朝服，女子一概诰命装扮。这些祖先不一定有官身和诰命，但后世坚持祖辈官服加身。官府也不追究是否存在僭越，这从侧面表明了明清宗族组织的普及、官府对宗族的宽容。跨越明清的那一位祖先，坐落在神位像的正中间，而非其他祖先一样男左女右。他可能是对宗族做出过重大贡献，或者是另立家门的先辈，享受着后世额外的尊崇。

在没有摄影技术的时代，画像是唯一的留影方式。早先，只有王公大臣与功臣绘像。画像是权位的象征。伴随宗族的普及，祖先像图也流行开来。明清时期，有专门的神位像的绘画工匠。馆藏的这幅作品就是他们的作品。它悬挂在祠堂等处，接受子孙后代的祭拜。几百个额头叩击着地面，发出整齐、清脆的声响。在祖先神位像之前，再纨绔不羁的子孙，都不敢造次，都自然内省：我在这一个祭拜周期内有无不妥不敬行为？是否为家庭为宗族尽力付出？现场还有一些小男孩，在父亲的带领下，一板一眼地叩拜神位像。参加祭祀仪式，在他们幼小的心灵上留下不可磨灭的印象。宗族的荣光和责任，就在这一叩一拜中得到了传承。

祠堂祭祖是最高级别的祭祀活动，更普及的家庭祭祀是家祭、墓祭。《二十一祖先神位像》也可能是悬挂家中接受瞻仰、叩拜的。在家中定期不定期地追怀先人，丰俭由人的祭祀活动，就是家祭。陆游临终诗“家祭无忘告乃翁”，就是希望子孙在国家光复之日祭祀告知先人。此外，每年清明节，中国人都要去祭奠安歇在坟墓中的先人。那是一个悲伤又欢乐的时节，男女老少成群结队来到山野郊外的坟墓，清除坟头的杂草、夯实流失的泥土，再在坟前摆满吊唁供品。正式祭拜流程，是缩小版的祠堂祭祖仪式。还有一大不同是，女子也可以上坟祭祖。小男孩、小女孩对上坟祭祖充满期待，不仅是因为当天长辈沉浸在缅怀之中，极少会责骂晚辈，更因为分享供品是他们的专利。从这个角度讲，清明扫墓是孩子们的春游。这里的墓祭不再是严肃、悲伤的大动作，而是寻常、追思的礼拜。

神位像也好，叩拜也好，是为了唤起生者对曾经我们爱过的、也深爱着的先人的回忆，不让他们在我们的脑海中渐渐遗忘。至此，宗族彻底融入了中国人的灵魂。

欧美人很难理解中国人对宗族、对祖先的崇拜与付出。当然，他们也很难理解中国数千年的超稳定的持续发展。中华民族历经战乱频仍、水寒灾难、饥馑病患，依然螺旋式增长，最终孕育出绚烂的文明。超稳定的一大功臣，就是宗族。

宗族的强健，源于每个中国人对家族的渴望和呵护。我们努力把自己留在家里，“锦城虽云乐，不如早还家”，尽力为家庭付出，最终成为神位像中的一员，接受后世的祭拜。

后　记

纽约大都会博物馆（Metropolitan Museum of Art）是美国最大的艺术博物馆，与英国伦敦的大英博物馆、法国巴黎的卢浮宫并称为“世界三大博物馆”。

作为世界著名的人文博物馆，大都会博物馆藏品丰富、种类齐全、覆盖广阔，是人类回望来路、深思文明的重要场所。这也是所有历史文化博物馆共同的使命。

大都会博物馆的亚洲收藏展厅建立于1905年。该馆从那时起即开始收藏中国文物，至20世纪70年代开始提速，截至今日已经形成门类齐全，书画、青铜器、玉器、漆器、瓷器、金银器等应有尽有的收藏格局。考虑到博物馆对不少收纳的中国文物存在疑问，认定真伪的工作始终没有完成，因此没有人能够提供大都会博物馆收藏中国文物的准确数量。有人估计约有1.2万件中国文物艺术品安放在大都会博物馆，也有人估计数量更大。可以确定的是，大都会博物馆已经成为中国境外数一数二的中国文物收藏地。

针对大都会馆藏中国文物，最大质疑是其来源。抨击大都会盗抢、拐骗中国文物的声音始终存在。入藏的一大途径是在19世纪末20世纪前期的中国大动荡岁月中，不肖子孙变卖祖产，或文物贩子收购倒卖，辗转进入大都会博物馆。最典型的就是最具知名度的中国藏品《药师经变图》。其被剥落出售的经过，国内的《重修广胜下寺佛庙序》有清晰的记载："去岁（1929年），有客远至，言佛殿绘壁，博古晋雅好之，价可值千余金。僧人贞达即邀士绅估价出售。众议以为修庙无资、多年之憾，舍此不图，势必墙倾椽毁，同归于尽……"为了避免"同归于尽"的厄运，虔诚而不知道文物真正价值的原保管者，将文物出售给了他们所信任的文雅有内涵的购买者。1600块银元就是这件无价国宝的"价格"。私人收藏家最终因为无力保管与维护，将文物捐赠给了大都会博物馆。端方青铜禁的境遇也类似。我们确实找不到大都会博物馆强盗行为的证据，便不能妄加责备。

20世纪70年代，大都会博物馆大规模收纳中国文物。当时，中国文物市场毫无壁垒可言，美国人轻易就能从中国购买大批文物。如今，中国文物市场是最严苛的市场之一，不会再允许任何人购买国家宝藏出境。相反，我们一直在吸纳流失国外的文物回归。

一件器物不会说话，但是数以千万的器物聚集在一起，则会发出振聋发聩的声响。参观者与其惊叹文物之美，不如深思我们对文物的态度。本书即遴选了大都会馆藏的数十件中国文物，介绍器物情况，挖掘物质之外的先民思想、中华文化，并将相近的内容做了架构归总。我们相信，每件文物都是独一无二的，都凝聚着先人的所思所想。它们是我们和祖先交流情感、传承民族文化的重要载体。

我相信，浩瀚的中华文明不是数十件文物能够涵盖的。本书所列只是吉光片羽，如果能够引起读者对文物与文化的兴趣便善莫大焉。因为本人知识结构所限、学识水平狭隘，本书难免有错误之处。我对所有错误内容负责。

大都会博物馆的门票既不收费，也不免费，而是建议参观者尽己所能，自愿支付费用。其中隐含着他们对文物的态度：文物是我们共同的财富，我们要尽己所能，保存先人的心血与喜怒哀乐。